...von wegen Superweiber!

Klaus P. Rausch

...von wegen Superweiber!

Roman

twilight *press*

Rausch, Klaus P.: ... von wegen Superweiber!

© 2002 by Twilightpress, Wiesbaden
Alle Rechte vorbehalten.

www.twilightpress.com

Lektorat/Co-Autorin: Kathrin Elfman
Artwork: Klaus P. Rausch und Peter Becker
Herstellung: Books on Demand GmbH, Norderstedt

ISBN 3-8311-2455-8

Gewidmet allen unfreiwilligen Singles.

Mein Dank an: Kathrin, die mir täglich zeigt, was Liebe ist, und K.S. für unerschöpfliche Inspiration.

Oh nein, dachte Harry wehmütig. Wie er diese Momente nicht liebte. Um viertel vor neun war er endlich mal halbwegs zeitig aus den Federn gekommen, hatte sogar schon den Videorecorder angeworfen und gerade den ersten Bissen vom Frühstücksbrötchen im Mund, da musste das Telefon klingeln. Ein unromantisches Klingeln. Eher joijoijoijoi. Diesmal allerdings schien ein leicht unglücklicher Unterton dabeizusein.

Also gut, entschied er, stand auf und drehte immerhin das Radio leiser. Schade. Gerade lief Africa von TOTO. Verdammt gute Drums.

"Jauhallo?" meldete er sich nicht gerade offiziell. Wozu auch. Rangehen hieß noch lange nicht, in den Hörer zu flöten. Freundlichkeit gab´s um diese Zeit nur, wenn es um Bargeld oder wenigstens gedeckte Schecks ging. Und die meisten seiner Geschäftspartner wagten es ohnehin nicht, vor zehn Uhr anzurufen.

"Hi, ich bin´s…" kullerte es Harry kleinlaut aus dem Hörer entgegen. Max. Das ändert die Sache, dachte Harry und biss ein zweites Mal in das Brötchen. Beste Freunde verdienen die freundliche Version.

"Naaa, was? Klingst belegt, wieso bist du überhaupt schon wach? Schlecht geträumt?" Mehr musste Harry in der Regel nicht sagen. Die wenigen Worte genügten als Türöffner zu Max´ Herzen.

"Ach, war mal wieder nichts, du weißt schon", weinelte es vom anderen Ende. "Diese, äh, Nicki, sie war tatsächlich nur ein lächerliches, ein, ein…" Wie er das sagt, dachte Harry. Es musste also ein Ernstfall sein. Mal wieder. "Ein Nichts?" ergänzte er. "Meinst du das?"

"Ja, nein, naja schon, also gut, wir waren gestern abend im Pop, was essen, trinken, hatten uns dort verabredet. Sie nach dem Theater, ich kam ja vom Studio. War bisschen gestresst, auch von der A66, ewig stockender Verkehr um diese Zeit, außerdem hat der MG gemuckt und das kurz vorm TÜV, kann ich gar nicht gebrauchen…"

"Sie war also ein Nichts", diagnostizierte Harry noch einmal vorsichtig. Wenn Max erst einmal anfing, von seinem heißgeliebten Auto zu erzählen, würde aus dem Bericht über diese Nicki nichts werden.

"Na, erst war alles normal", sagte Max, "wenn man das nach einer vierwöchigen Liason denn behaupten kann, vielleicht habe ich ja auch mal wieder was nicht mitgekriegt. Jedenfalls war ich gerade endlich einen Tick entspannter, da fängt sie plötzlich an mit ´also weißt du, ich muss dir was sagen, eigentlich, glaube ich, wird das doch nichts mit uns, was meinst du?´ und so weiter…" Der Rest des Satzes blieb irgendwo in der Luft hängen. Oder in der Leitung.

"Bist du noch da?" fragte Harry, als Max länger als dreißig Sekunden geschwiegen hatte.

"Hmhmm", kam es von Max, "Sie meinte, dass es damit wohl Finito wäre zwischen uns und ich soll nicht böse sein, ihre Klamotten bei mir würde sie bei Gelegenheit holen, und sie müsste jetzt sowieso gleich weg. Tja, und dann dampfte sie doch tatsächlich unmittelbar ab, sie hatte plötzlich auch noch irgendeinen Typ dabei, der mitging, stell dir vor…"

Der Videorecorder lief noch immer munter vor sich hin. Harry stellte ihn auf Pause. Das würde ein längeres Gespräch mit Max werden, soviel stand fest. Der arme Kerl. Sitzengelassen. Schon wieder. War jedenfalls sein erster Gedanke, weil irgendwie war es ja auch wirklich kurios. Max´ letzte Affäre war schon eine gute Weile her. Hatte auch keine drei Wochen gedauert, genau wie die davor.

Harry war es ein Rätsel, warum sein Freund dieses Pech hatte. Jedesmal, wenn es wieder soweit war, schüttete er ihm sein Herz aus, und in stundenlangen Telefonaten nahmen sie gemeinsam das letzte Drama auseinander. Sowas ging am Telefon irgendwie besser als live und mit Angucken. Obwohl sie beide gar nicht weit voneinander entfernt wohnten. Max in einer hübsch renovierten Altbauetage im Frankfurter Westend, Harry in einem nicht allzugroßen Haus mit Pool im bemüht mondänen Königstein. Wie üblich für diese Momente hielt er ihm per Leitung die freundschaftliche Hand.

Max Freitag. Sein Name allein reichte schon als Aufhänger für jeden Smalltalk aus. Freitag, der schweigsame Kumpel von Robinson Harry Crusoe, haha. Nein, ernsthaft - Max war ein wirklich attraktiver Kerl von dreiunddreißig, erfolgreicher Musikproducer aus der Kunstabteilung, witzig und intelligent, dazu nicht schlecht bei Kasse und auch kein einszweiundsechzig Zwerg, sondern groß und durchaus vorzeigbar.
Nur beim Thema Frauen klemmte es. Immer und immer wieder. Und dieses Thema konnte er nun mal einzig und allein mit Harry besprechen.

Nun war Harry, eben vierunddreißig geworden, alles andere als ein Chauvi, Frauenheld oder sonstwas Latinlovermäßiges.

Und schon gar kein Besserwisser. Vielleicht etwas attraktiver als der Durchschnitt.

Okay, ziemlich attraktiv. Und vermutlich nicht zuletzt deshalb einen Hauch erfahrener als Max. Harry wusste seit seiner Teenagerzeit, dass es durchaus Frauen gab, die ehrlich genug waren, einem Kerl reinen Wein einzuschenken und auf eine durchschaubare Show verzichteten. Ausnahmen bestätigen die Regel. Bei den knapp zwei Dutzend Affairen in seinem Leben gab es schon einige Pleiten, wenn man das so nennen konnte. Nur, die good girls waren eindeutig in der Überzahl gewesen.

Zu ihnen gehörte auch seine Dauerfreundin Gina, mit der er inzwischen seit sieben Jahren glücklich zusammenlebte.

Gina war mit 27 genügend Jahre jünger als er und ein Schatz von Gottes Gnaden. Eigentlich war Gina, die korrekt gesagt Regina Vitucci hieß, fast ein Mann. Aber nicht im maskulinen Sinne hinsichtlich ihres Aussehens, denn das war nun sowas von weiblich, dass er bei jeder gemeinsamen Dusche immer noch den Klappmessereffekt hatte, Sie wissen schon. Nein, es war ihre Art, mit der ein Mann nach der Pferdestehlmethode in nahezu jeder Lebenssituation etwas anfangen kann. Einfach unanstrengend. Glück? Vielleicht auch das logische Produkt einer langen Probierphase, in der Max offenbar noch festhing.

Irgendwann zwischendurch hatte Max seine Frustration wohl zur Seite gelegt. Glaubte Harry jedenfalls. Doch diesmal, das hatte er gleich gemerkt, war es das berühmte eine Mal zu oft schiefgegangen. Normalerweise würde es nicht allzulange dauern, bis Nicki in seinem Adressbuch unter der Visitenkarte seiner nächsten Affaire verschwunden wäre. Normalerweise.

Nur, wie gesagt: Dieses Mal war wohl eins zuviel. Und zwar auch für Harry. Er wusste es, als er den Hörer auflegte. Es war nicht das traditionelle Herzausschütten gewesen. *Neiiieen.* Ein langgezogenes, fast gesungenes Loriot-Nein. Dafür waren Freunde schließlich da.

Nein, Harry ging diese Sorte Frau, die Max das Leben schwer machte, langsam aber sicher tierisch auf die Nerven. Denn es waren immer die selben. Wie aus dem Katalog. Harry hatte in diesem Moment wirklich die Nase gestrichen voll davon, als er Max´ letzte Eroberung vor sein geistiges Auge projizierte. Nicki repräsentierte auf plakative Weise dieses Nervmodell Deluxe. Sie baggern dich an und lassen dich total traumprinzig sein, dachte er sauer. Und dann, im ungeeignetsten Moment, sagen sie einfach, ach nee du, lass mal.

Was per se nicht schlimm wäre. Man hätte sich ja gleich auf einen onenightstand einigen können. Aber nein, erst so auf ernst machen, dass man annehmen könnte, sie bestellt nach einer Woche das Aufgebot, will teure Eheringe und wird plötzlich unromantisch, wenn man nicht gleich nach Las Vegas zur Schnellhochzeit bittet.
Harry dachte sich regelrecht in Rage, während er den Videorecorder wieder anstellte. Dann ziehen sie die coole Hannelore ab, diese Weiber. Nochmal nein. Das langgezogene. Nun ist Schluss, jetzt wird ausgepackt. Abgerechnet. Bloßgestellt. Harry hatte eine Idee.

Max sollte genau jetzt seine sichtlich fehlenden Pflichtstunden im Wie-finde-ich-eine-gescheite-Partnerin erhalten, und zwar mit Volldampf im Crashkurs. Damit hinterher nur noch die übrigblieben, die es wert waren, für einen wie Max endlich mal sichtbar zu werden. Denn die musste es doch geben. Oder?

Erfahrener Frauenheld erteilt unglücklichem Freund Nachhilfe, dachte Harry belustigt. Was ein Klischee. Aber warum eigentlich nicht?

Das Ganze müsste in der richtigen Reihenfolge ablaufen. Und damit Max die richtige Mischung aus weiblicher Fastfood, handfester Pizza und Nouvelle Cousine abbekam, sollte das gut vorbereitet sein. Klingt nach einer Menge Arbeit, was habe ich mir da wieder aufgehalst, dachte er. "Hab ich eigentlich nichts anderes zu tun?" murmelte er vor sich hin. Vielleicht war es auch eine Schnapsidee.

Es fielen ihm auch gleich passende Synonyme für die geplante Tat ein, Laienverkuppler, Hilfspsychologe, Amateursozpäd. Obwohl, es musste etwas geschehen. Mit Max konnte es nicht so weitergehen. Und wenn die Sache schiefging, würde Harry eben dafür büßen.

"Hier drauf", sagte er und hielt die rechte Wange in Richtung Spiegel. Denn soviel stand fest, wenn es nicht hinhaute, würde Max nicht zimperlich in Sachen Feedback sein. "Klar, und dann auch gleich auf die andere Seite", polterte er weiter.

"So kenn´ ich dich ja gar nicht", räusperte es von hinten mit angenehmer Fraulichkeit. Harry zuckte zusammen wie ein 14jähriger, der von seiner Mutter mit aufgeklapptem Playboy erwischt wurde.

"Klingt, als ob ich da was wissen sollte, oder?" sagte die gleiche Stimme, und Gina kam herein.

"Jajaja…" machte Harry vielsagend, und Gina vergrößerte ihre Augen ein wenig, wie sie das beim stummen Fragestellen immer tat.

"Max hat angerufen, geht ihm nicht so gut", erklärte er Gina, deren prompter Augenzuschlag das Gegenteil des bekannten Aufschlags darstellte.

"Wegen ´ner Frau, ja?" fragte sie und es klang eher beiläufig. "Ganz was Neues. Hat ihn wieder mal eine sitzenlassen? Also, wenn Du meinen unmaßgeblichen Rat brauchst, dann…" Sie unterbrach sich selbst, was bei ihren üblichen Bandwurmsätzen eher nicht ihre Art war.

"Was ist das?" fragte sie und deutete Richtung Fernseher. Der Videorecorder spülte immer noch hektische Bilder ohne Ton ins Zimmer.

"Max´ neues Video, ich soll den Check machen, ob überall taktgenau geschnitten ist", erklärte Harry, nahm die Fernbedienung in die Hand und betätigte den Lautstärketaster solange, bis die Musik in ordentlicher Lautstärke den Raum füllte.

"Sieht alles so düster aus, soll das so sein?" entfuhr es Gina spontan, und sie schaute in Harrys Richtung, der sich gerade die dritte Tasse Kaffee eingoss. "Milch ist alle. Ist das so?" fragte er in zwei verschiedenen Tonlagen, was wohl andeuten sollte, dass das erste nur ein laut ausgesprochener Gedanke war. "Ja und ja", entgegnete Gina schlagfertig und hielt ihm auf diese nette Weise eine seiner dümmlicheren Marotten vor, die des laut Denkens.

"Düster. Hm, sag ich ihm, er braucht das bestimmt als Rückenstärkung gegenüber der Plattenfirma. Die wollen ihn mal wieder zu irgendwas anderem als er machen will überreden. Er sieht das ja nach dem zweihundertdreiundsiebzigstenmal anschauen nicht mehr." Harry drückte die Stoptaste. Endlich verflog die schwärzliche Hektik, die das Video samt Musik ausstrahlte.

"Sorry, bin ein wenig durcheinander, muss Max helfen, werde nicht so oft da sein die nächsten Tage", telegrammstilte Harry. So konnte er nur mit Gina reden, denn da war diese magische Synchronizität, die Selbstverständlichkeiten ohne Aussprechzwang erst möglich macht. Meistens jedenfalls.

"War ja klar. Aber bevor ich dich so loshüpfen lasse, mein Lieber", flötete Gina, "du hast doch was anderes vor als die üblichen wir-bringen-Max-gut-drauf-Rettungsmanöver! Na, raus mit der Sprache." Harry nahm einen Schluck aus der Tasse, schaute ihr tief in die Augen und meinte "Ok, es hilft nichts, also, ich muss Max Nachhilfestunden in Sachen Richtigefraufinden verpassen."

"Klar, und ich teste irgendeinen Mister Superbritisch heute abend auf seine Ehetauglichkeit mit Claudia-wen-könnte-ich-heute-mal-heiraten-Schiffer. Sicher doch", meinte Gina trocken und ging in Richtung Kühlschrank. Als Harry nicht antwortete, drehte sie sich wieder um. "Hee, war das etwa dein Ernst?!"

"Diesmal ja", sagte Harry, und Gina seufzte theatralisch. "Hmm. Warum überrascht mich das nicht? Wenn das mal gut geht, aber mach´s ihm nicht zu genau vor, ich brauche dich noch ne Weile! Übrigens, hat Lydia zufällig bei dir angerufen?"

Harry schüttelte den Kopf. Lydia war Ginas Cousine und lebte in Italien. Sie hatte die Angewohnheit, Gina regelmäßig zu allen möglichen Tag- und Nachtzeiten anzurufen, und zwar überall. Was Harry nicht weiter störte. Lydia war nicht nur ein feiner Kerl, sondern vor allem viel mehr für Gina als nur eine entfernte Verwandte. Lydia war Schwesterersatz, beste Freundin und Ratgeber für alle Lebenslagen. Und auch wenn sie einmal nicht Gina, sondern ihn an der Strippe hatte, konnte es Stunden dauern, bis sie sich wieder verabschiedeten.

Gina nahm eine Flasche Wasser aus dem Kühlschrank und drehte sich schon Richtung Tür, als er ihr von hinten die Arme über die Schulter legte, sie abbremste und ihr sanft den Hauch eines Kusses auf den Nacken wehte. "Mmmmh, das war´s, was ich noch brauchte heute," flüsterte sie und sagte im Weggehen noch was von sehen wir uns heute nacht? und wird doch nicht wieder werden wie damals auf Ralfs Balkon, da hast du dich wirklich blamiert, mein Schatz, und schwupps war sie auch schon aus der Tür.

Ralfs Balkon. Autsch.
Das erste und einzige Mal, dass Harry sturzbetrunken eine Party gesprengt hatte, indem er aus dem dritten Stock über das Balkongeländer feeding the fishes, wie der Seemann sagt, geübt hatte. Zur hellen Freude der übrigen Hausbewohner, die ihre zarten Blumenrabatten vor dem Haus liebevoll hegten und pflegten. Peinlich war das. Und übelriechend.
Abgesehen von den vier Millionen Ameisen, die kurz darauf erschienen waren, um sich genüsslich über die Ferkelei herzumachen. Noch peinlicher. Bis schließlich ein Fernsehteam anrückte, um den sagenhaften Ameisenhafen, der daraufhin vor dem Haus wuchs, für die Lokalnachrichten zu filmen. Gigapeinlich. Aber zum Glück lange her.

Gut, dann wollen wir die Operation Max mal starten, dachte Harry.
Wenn sogar Gina das für machbar hielt, warum nicht. Er hatte gerade einen größeren Produktionsauftrag eines Messeausstellers abgeschlossen, die Datencartridges mit den Samples der Musikelemente bereits brav abgeliefert und konnte sowieso die

paar Tage Pause brauchen, die er sich in solchen Fällen gewöhnlich gönnte.

Und statt Waldspaziergang im Taunus könnte es ja auch mal Clubspaziergang in Frankfurt oder Wiesbaden mit Max sein. "Warum nicht?" monologte er wieder, und war diesmal selbst über diese Unart etwas irritiert.

2.

"Hi there", begrüßte Harry seinen Freund Max. Er liebte diese Peter Gabriel Formel aus ´Big Time´, diesem Knaller von Song. Und eigentlich traf dieser Titel inhaltlich auch das, was er mit Max vorhatte.

"Kaffee?" fragte Max und Harry winkte ab. "Nicht schon wieder, hab schon drei Tassen und bin hibbelig." Sie setzten sich auf die Dachterrasse, die das Highlight von Max´ Wohnung war.

"Und?" fragte Harry, was bedeutend unbedeutend klang.

Max schlenderte am Terrassengeländer entlang und blickte hier und dort mit einem prüfenden Blick auf Pflanzkübel und Blumenwannen an der Reeling.

"Naja…" kam es von Max nach einer Weile. "Wie ich dir ja vorhin am Telefon schon erzählt habe, es haut einfach nicht hin mit meinen Frauengeschichten." Pause. "Obwohl, eigentlich sind es ja eher Nichtfrauengeschichten", ergänzte er. "Ganz direkt: Ich brauche deinen Rat als Frau."

Oje, dachte Harry. Das klang ganz nach deprimierter Klage auf das ungeliebte Singleleben, verkleidet als Ironie. Zum Glück hatte er wohl noch nicht seinen Humor verloren.

"Ich meine, im Grunde fühle ich mich ja wohl. Bin durchaus zufrieden mit meinem Alltag, soziale Kontakte gibt´s ja zuhauf. Halt nicht mit meiner Traumfrau. Wo könnte die denn stecken? Ich will sie scheinbar einfach nicht finden."

"Und wieso *willst* du denn nicht?" doppeldeutete Harry, was Max nicht bemerkte. "Ich denke, du… Okay, der Reihe nach. Wo suchst du denn überhaupt?" fragte Harry.

Max schaute ihn an, seine Arme ruderten planlos in der Luft herum.

"Ja überall, wo ich mich so aufhalte. Produktionsfirmen, Sauna, Filmfeste, Tankstelle, du weißt doch, überall eben. Normale Freundinnen habe ich ja genug, aber…"

"Was man so normal nennt, ich weiß…", warf Harry ironisch ein, aber Max ignorierte es und sprach weiter: "Allen anderen Männern fallen die Frauen um den Hals, nur mir nicht."

Einer dieser grundsätzlichen Sätze. Zentnerschwer, ziemlich apokalyptisch angehaucht und überhaupt nicht für Gespräche auf Dachterrassen geeignet.

"Hast du es mit Mundspray probiert?" frotzelte Harry und sprach damit eher seine Ratlosigkeit aus. Max setzte sich, verschränkte die Arme und sah Harry finster an. "Äußerst witzig, danke!" meckerte er. "Noch so´n Spruch?"

"Sorry", sagte Harry schnell. Diesmal hatte es Max ja wirklich erwischt. "Klingt, als ob du ein Sanierungsprogramm für´s Anbaggern brauchen könntest", meinte Harry.

"Klar. Vielleicht sollte ich mich durch die Weiberliteratur wühlen? Brigitte lesen, in Selbsthilfegruppen pilgern und ganz echt auf irre doll verständnisvoll machen, mich in eine Talkshow setzen und ganz ganz mutig sein und drüber reden, oder was meinst du, hm…" äffte er in seiner höchsten Stimmlage einer Fernsehmoderatorin nach.

Harry runzelte die Augenbrauen. "Klar, Max als professioneller Frauenversteher. Mal im Ernst, was willst du denn? Ganz klassisch und kitschig, wie in amerikanischen Technicolorkomödien aus den 50ern? Ich meine, suchst du die Situation, in der du die Frau deiner Träume beim Bäcker triffst, ihr beide hin und weg voneinander seid, und du sie auf der Stelle fragst, ob sie deine Frau werden will? Mit italoamerikanischer Vollmondromantik und schluchzenden Geigen im Hintergrund?" stocherte Harry.

"Oder bevorzugst du die ich-renn-dich-um-und-lass-mir-danach-die-Beule-von-dir-pflegen-Begegnung auf der Straße? Du weißt schon, wo man mit Karacho ineinander rennt und so?" Max winkte ab.

"Gibt´s doch nur im Film", und Harry fragte weiter.

"Doch nicht etwa die ganz spießige Nummer, mit Bekanntschaftsanzeige und Blind Date?"

Max lüpfte seine linke Augenbraue. "Dochdochdoch!" widersprach er heftig. "Warum denn nicht, was soll daran spießig sein? Neulich erst hat mich Susanne…"

"Die Hübsche aus der Homöopathiepraxis?" zwischenfragte Harry.

"Yep. Die hat mich draufgebracht. Kontaktanzeigen, selbst diese Fisch-sucht-Fahrrad Parties sind immerhin eine Möglichkeit, Gruppenreisen und so. Ich könnte doch mal…"

Er stand auf und schob einen der beeindruckend hohen Papierstapel auf seiner Ablage zur Seite. Die obersten zehn bis fünfzehn Blätter flatterten zu Boden, was Max nicht weiter kümmerte.

Harry verkniff sich einen Kommentar. Keine Witterung, der Ärmste. *Die Hübsche aus der Praxis*, deutlicher ging es doch wohl nicht, und was machte Max? Au Mann. Und dann dieses Durcheinander hier. Wenn Max wirklich hochkarätigen Damenbesuch in seiner Wohnung empfangen wollte, musste er unbedingt das schreckliche Chaos entfernen. Oder es wenigstens in ein kreatives Chaos verwandeln.

Immerhin, Max fand meistens, was er suchte. Irgendwann jedenfalls. Und dabei tauchten regelmäßig die abenteuerlichsten Dinge auf, nach denen er schon wochenlang erfolglos forschte. Diesmal waren es eine Rupert Hine CD, die superteure Haarbürste aus dem Friseursalon und eine schwarze Socke Marke Wühltisch. Das malerische Durcheinander war definitiv Max´ unverwechselbares Markenzeichen.

"Na also. Hier ist der Text." Na bitte, dachte Harry grinsend.

"Wie kommt der denn zwischen meine Videoscriptvorbereitungen?" rätselte Max, grinste zurück und zog ein leicht zerknittertes Blatt Papier hervor.

"Also, hier steht´s: Attraktiver Dreißiger, künstlerischer Beruf, von großer Gestalt, belesen und gebildet, sucht passendes Gegenstück, am besten weiblich und mit guter Figur, für Freizeit, Veranstaltungen und Urlaub. Chiffre, und so weiter."

Wieder Pause. Harry´s Gesicht zeigte keinerlei Reaktion. Max hakte nach:

"Na, ist doch okay, oder?".

"Okay ist genau der Punkt." meinte Harry vorsichtig. "Es ist, hm, ganz okay. Aber…" Max schob seine Unterlippe vor und spielte den Gekränkten. "Komm, jetzt mach nicht nur mies, sondern sag auch warum. Was stimmt damit nicht?"

Gute Frage, dachte Harry. Meine Güte wie brottrocken, damit kann man heutzutage nicht mal eine Handarbeitslehrerin hinterm Heizstrahler hervor locken. Welcome to the Millennium. Aber er wollte seinen Max nicht verletzen.

"Na ja, ich bin ehrlich gesagt kein Freund von Kontaktanzeigen. Außerdem suchst du doch was für´s Leben und keinen Wochenendflirt. Warum schreibst du nicht einfach genau das?" fragte Harry.

"Na, ich will nicht gleich mit der Tür ins Haus fallen", beteuerte Max seine Redlichkeit. Harry wiegte den Kopf.
"Klar, das ehrt dich. Aber meinst du nicht, dass die Frauen lieber wissen wollen, was Sache ist?" Max stand auf und schlurfte in die Küche.
"Weiß nicht. Ich denke da sofort an diese komischen Single-Parties, wo es nur ums Abschleppen geht."

"Das ist auch ein Riesenschwindel, und Abzocke außerdem. In einer soliden Disco stehen die Chancen deutlich besser…"
"Vergiss es, in Discos hatte ich noch nie Glück", tönte Max gedehnt hinter der Kühlschranktür hervor, holte eine Flasche Wasser heraus und kam mit zwei Gläsern und der zusammengefalteten FAZ unter dem Arm wieder zurück. Harry hangelte sofort nach der Flasche und griff eines der Gläser, um den Balanceakt zu beenden.
"Hättest ruhig noch den Fernseher mitbringen können, wo du doch eine Hand freihast. Und was zu essen…" kalauerte er.

"Ich habe an die FAZ gedacht", meinte Max, "die ist wenigstens seriös."

"Zum Essen? Das finde ich nicht nett. Oder bist du auf Diät?"

Max würdigte den müden Witz keines Blickes, sondern setzte sich auf eine der gepolsterten Liegen, die in Richtung Süden standen. Harry legte Zeitung und Notizpapier auf den runden Tisch dazwischen. Mein Gott, was für eine Sauerei, dachte Harry, als er die klebrigen Kaffeeringe in unterschiedlichsten Altersstufen und Brauntönen auf der Tischplatte sah.

"Ich will dir deine Hoffnungen nicht nehmen, aber ich finde, es geht wirklich schlichter", dozierte er und ignorierte den schmuddeligen Tisch. "Legst du Wert auf meinen Rat als Mann?" Er betonte die letzten beiden Worte dramatisch und schnitt eine Grimasse.

"Nichts lieber als das. Fang ruhig sofort an", antwortete Max trocken. "Wenn ich es nicht mehr ertrage, schrei ich. In Ordnung?"

"Wir sind ja jetzt schon ein paar Jahre dicke Freunde, aber richtig kennengelernt haben wir uns eigentlich erst nach unserer pubertären Sturm-und-Drang-Zeit. Das heißt, unsere Frauen-geschichten aus dieser Phase kennen wir gar nicht so genau …" Max nickte stumm, ein Nicken, das in Richtung sich winden tendierte. Er schien zu ahnen, wohin das Gespräch führen würde. Aber Harry war entschlossen, das Thema ein für alle Mal zu klären.

"Na dann mal zurück in die Vergangenheit", sagte er forsch. "Wieviel Mädels gab´s denn bei dir in der Teenie- und Twen-phase, so zwischen 15 und 25, meine ich."

"Äh, also *so* viele waren es ganz bestimmt nicht", antwortete Max verschüchtert. Harry verschluckte ein Lachen. "Nein, nicht Frauen, ich meine, als du zwischen 15 und 25 warst. Was lief bei dir in dieser Zeit?"

"Ach so", erklärte Max, "na ja, vielleicht 4 oder 5, ganz schön wenig, ich weiß. Waren aber immer lange Beziehungen, auch über mehrere Jahre." Max versuchte, sich zu erinnern. Und wurde tatsächlich rot, wie Harry verblüfft feststellte.

"Ich war als Teenager zu groß, zu dünn, zu pickelig, zu kassenbebrillt. Das waren wohl nicht die besten Startvoraussetzungen für einen Frauenschwarm. An Silvester war das so, dass die hübschen Mädchen um Mitternacht von einer Umarmung zur nächsten purzelten, und als ich an der Reihe war, lächelten sie nur komisch. Und gingen woanders hin."

Autsch, dachte Harry bestürzt. Hat wohl seine Spuren hinterlassen. Ein bisschen Selbstbewusstsein gehört bei jedem männlichen Teenager eigentlich dazu, sonst wird das nichts, überlegte Harry. Aber das kriegt man natürlich nicht ohne Erfolgserlebnisse. Er wartete darauf, dass Max weiter erzählte.

Doch Max blickte wortlos Richtung Weißnichtwo. Vielleicht um dort irgendwo die Vergangenheit wiederzufinden. Harry wartete skeptisch auf das Ergebnis. Die Wahrscheinlichkeit war groß, dass es dort ungefähr so aussah wie auf der Ablage im Wohnzimmer. Nach einer längeren Pause rang Max sich zu der Frage der Fragen durch:

"Wie war das denn bei dir, Harry?"

"Kann nicht klagen", antwortete er knapp. Das war untertrieben. Aber er wollte Max nicht deprimieren. "Mit mir haben sie es eigentlich ganz gut gemeint. Zumindest, als ich mich endlich getraut habe."

"Getraut?"

"Naja, es gab da ein Schlüsselerlebnis."

Max´ Gesicht war ein Fragezeichen, und Harry ergänzte:

"Mit knapp sechzehn hab ich mal eine dralle Dickmopsige aus meiner Clique aus einer Laune heraus gefragt: Hey, Marina, hast du Lust zu bumsen, so oder so ähnlich ging das los."
"Holzhammermethode, wie? Ich hab fast Angst zu fragen, was sie geantwortet hat", sagte Max trocken.

"Sie hat gesagt: Na klar doch, immer!" Harry gluckste. "Ich war schwer von den Socken. Wir haben beide gelacht, noch ein paar Takte rumgeflirtet an jenem Abend, und letztlich ist es gar nicht dazu gekommen. Wir sind prima Freunde geblieben. Sie hat übrigens meine Frage durchaus als Kompliment an ihre Ausstrahlung angesehen."

"Wenn ich mir sowas rausnehmen würde, gäb´s eine Ohrfeige und das Etikett Machoschwein auf Lebenszeit, wetten?" murmelte Max.

"Glaub ich nicht. Gab´s sowas bei dir nie?"
"Leider nein." druckste Max, angelte etwas nervös nach der Wasserflasche und füllte sein Glas auf. Bis zum Rand. Beim geringsten Tischruckeln würde die Oberflächenspannung aufgeben und für einen See auf dem Tisch sorgen. Wennschon. Dann wäre wenigstens die Alleinherrschaft der klebrigen Ringe beendet.

"Ich war wohl eher ein Spätzünder. Die anderen haben die Glückspillen bekommen, mir blieb nur der Beipackzettel mit den Risiken und Nebenwirkungen. Erst mit zwanzig habe ich angefangen wie ein Mann auszusehen. Und dann kam gleich die lange Beziehung mit Sylvia, die kennst du ja noch. Außerdem hat Sylvia damals eher mich angebaggert, als ich sie…" Pause. Dann ungläubig: "Und du hast diese Marina damals so direkt angehauen?"

"Angehauen nicht, sowas gibt blaue Flecken", attestierte Harry. "In der Wohngemeinschaft, in der ich nach meinem Auszug aus dem Elternhaus wohnte, war mal eine ganz Süße bei Mitbewohnerin Anne zwei Wochen lang zu Gast. Wir hatten gelegentlich nette Gespräche am Küchentisch, du weißt schon."

Max runzelte fragend die Stirn. "Über Hesse-Bücher, Urlaub auf Kreta bis zum Sinn des Lebens etcetera? Die Nummer?" Harry nickte.

"Am letzten Abend vor ihrer Abreise fragte sie mich, ob sie in meinem Zimmer übernachten könnte, es wäre gerade alles so nett und so. Ich hatte wirklich keine Sexgedanken, aber wir lagen etwa eine Stunde in der Kiste, Kerzen an, und Kansas mit ´Dust in the wind´." Max verdrehte die Augen.

"Kitsch as Kitsch can…" hauchte er. Harry berichtete weiter. "Na, irgendwann rutschten wir doch immer näher zusammen, die Hände folgten der Schwerkraft und ehe wir uns versahen, verbrachten wir eine richtig tolle Nacht miteinander. Romantisch, sexy, alles gleichzeitig. War toll, für uns beide übrigens. Ich erinnere mich noch heute gerne daran. Und ich glaube, sie auch."

"Mann, das fehlt in meiner Biographie wirklich", kommentierte Max bekümmert.

"Kann man jederzeit nachholen."

"Klar. Aber das sprengt mein Budget, wenn du weißt, was ich meine."

"Blödsinn, doch nicht so. Was ich meine, kostet dich allenfalls ein wenig Überwindung", ermunterte ihn Harry sofort. "Soll ich es dir beweisen?"

"Na. Was bei dir geht, muss bei mir noch lange nicht funktionieren." widersprach Max. "Schließlich hast du das Äußere für solche Aktionen, ich ja nicht."

Harry verschlug es für einen Moment die Sprache. "Was soll das denn heißen?" fragte er dann verblüfft. "Erzähl mir jetzt nicht, dass du an Minderwertigkeitskomplexen leidest."

Wieder dieses Augenbrauenheben wie nur Max es konnte.

"Ich will damit nur sagen, dass ich mich nicht für den Inbegriff der Attraktivität halte. Aber ich bin mir meiner inneren Werte durchaus bewusst, also…" Harry winkte beschwichtigend ab.

"Sorry. Aber das klang eben so, als sei ich hier der Hübschling. Ich hab auch nicht mehr als, na sagen wir, knapp drei Dutzend Geschichten hinter mir. Und außerdem ein paar ziemlich eindeutige Angebote abgelehnt. Was ich hoffentlich nicht irgendwann bereue. Dir fehlt nicht die passende Optik, sondern vielleicht ein paar Basics, und die kriegen wir noch, verlass dich drauf."

Max verzog das Gesicht. "Es reicht, wenn *ich* sie kriege!"

Harry überlegte. "Du warst doch lange Zeit Keyboarder auf der Bühne. Hast du während des Auftritts nicht gelegentlich mal ein Augenpaar bemerkt, das dich immer wieder ansah?"

"Eigentlich hab ich nur ein paar LEDs bemerkt, die mich immer wieder anblinkten", konterte er. "Nein, im Ernst, wenn mich jemand angestarrt hat, war das höchstens meine Mutter", erklärte er zaghaft und griff zum Wasserglas, wodurch endlich etwas Flüssigkeit herausschwappte und sich über das Papier mit dem Textentwurf für die Bekanntschaftsanzeige ergoss. Ohne darauf zu achten, ergänzte Max: "Ich war mir für Groupies irgendwie immer zu schade, für one-night-stands auch."

"Papperlapapp, was für ein Unsinn", trötete Harry. "Drei Gründe, die dagegen sprechen. Außer zu schade sein." Max schwieg. "Na gut, zwei Gründe", schob Harry ein weiteres Filmzitat nach. "Oder wenigstens einen."

"Ok, eigentlich habe ich gar keinen Grund. War wahrscheinlich pure Feigheit vor dem Feind", formulierte Max.
"Feind? Na ja, auch eine Einstellung." Harry lehnte sich bequem zurück, verschränkte die Hände hinter dem Kopf und meinte versonnen: "Komplimente. Und Aufmerksamkeit. Das ist es, was Frauen mögen. Aufmerksamkeit kann bereits ein Kompliment sein."

"Amen. Du hörst dich an, wie mein Tanzlehrer", klagte Max. Harry wischte mit der Hand wie Insekten abwehrend durch die Luft.

"Wenn du merkst, dich guckt eine an, dann hat sie das bereits Minuten vorher ausführlich getan. Ohne dass du davon was mitkriegst natürlich. Dann taxiert sie dich. Eine ihrer ersten Überlegungen ist pur erotischer Natur. Also ob sie dich grundsätzlich in ihr Bett lassen würde. Hat sie da mit Ja angekreuzt, verschafft sie sich einen Platz in deinem Blickfeld und lässt dich merken, dass sie dich anhimmelt. Und prüft bei der Gelegenheit, ob es irgendwo in deiner Nähe bereits eine andere gibt. Und ob die Vorrechte haben könnte. Ist überall grünes Licht, hast du freie Bahn. Fährst du dann dein Programm ab, liegt es an dir, ob du sie verschreckst und sie plötzlich ´mal kurz telefonieren´ muss. Oder ob du sie mit nach Hause nimmst."

"Mach mal einen Punkt", unterbrach ihn Max, "angenommen, deine Weisheiten entsprechen ansatzweise den Tatsachen…"

"Tun sie. Frag Gina", erklärte Harry ruhig. Max staunte.
"Soll das heißen, Gina und du, ihr redet über - *sowas*? So direkt?"

"Ja, wieso denn nicht?! In der Zeitung steht das jedenfalls nicht. Die meisten Frauen haben halt Probleme damit, sich einigermaßen authentisch auszudrücken. Das ist wie mit der Umfrage in der Fußgängerzone, du weißt schon…"

"Nee, weiß ich nich."
"Na, wo irgendwelche Typen dir ein Mikro unter die Nase halten und nach the sexiest man alive, bzw. sexiest girl alive suchen."
"Brad Pitt und Pam Anderson, ich weiß", stöhnte Max.

"Eben!" triumphierte Harry. "Das ist genau der Haken! Die selben Frauen, die dort ihren hübschen Hals aufreißen und Brad Pitt hauchen, träumen in Wirklichkeit von genau dem konträren Typen. Will sagen, jemand schwört öffentlich auf mittelgroß und blond, steht heimlich auf dunkelhaarige Riesen."

"Glaub´ ich nicht", meinte Max. "Wozu soll das gut sein?"

"Keine Ahnung. Gina nennt es weiblichen Herdentrieb, Gruppenzwang, was weiß ich. Ist aber so. Wir haben den Beweis schon mal erlebt." Harry verstummte und grinste vielsagend.

Max war deutlich anzusehen, dass ihn dieser Gedanke einigermaßen irritierte. Dann entschied er sich wohl, ihn fallenzulassen.

"Hmm. Ist ja auch egal. Aber um nochmal auf die Sache mit der Abtaxiererei zurückzukommen, das klingt doch irgendwie billig. Ich meine, nur so eine Nacht, ich weiß nicht."

"Wieso gleich die ganze Speisekarte", hakte Harry ein, "der Appetizer genügt doch für den Anfang. Vielleicht macht sie eher einen Rückzieher, wenn du zu früh mit Dauerfreundschaft drohst…"

"Drohst!" meuterte Max. "Du bist ja vielleicht witzig, moralisch gesehen ist das nicht gerade fein…"
"Lass die Moral, wo sie ist. Glaub mir, in Sachen Machoverhalten sind Mädels nicht anders als Männer. Wenn du wüsstest, über was die sich in der Kneipentoilette so unterhalten…" Diesmal wanderten beide Augenbrauen bei Max in Richtung Stirn. Harry grinste.

"Doch, doch! Zum Beispiel die Einschätzung der Schniedellänge beziehungsweise dessen möglicher Härtegrad im Paradezustand ist nicht selten eines der Erstthemen, glaube mir."

"Was für eine Welt", murmelte Max, "im Ernst? Und woher… Nein, sag's mir nicht. Ich weiß schon, Ginas geheime Geheimdienste haben dir das verraten, ja?" Harry stand auf und lehnte sich gemütlich gegen das Terrassengeländer.

"Aber ja doch. Im Prinzip gibt es nur zwei Sorten Frauen. Die eine ist absolut in Ordnung. Patent. Einfach gut drauf, meine ich." Er kam langsam in Fahrt. "Das sind die wirklich guten Exemplare. Sie haben mit Schauspielerei nichts am Hut. Empfinden sowas als Zeitverschwendung. Und haben vermutlich mehr Spaß, wobei auch immer..." Er machte eine Pause.

"Diese Tanten, die nur eine Show abziehen, gehören zur anderen Kategorie. Sie beschäftigen sich leider gerne mit dem Tanz um den heißen Brei, machen auf hoch-er-o-tisch und erwarten von dir als Mann ein bühnenreifes Hirschverhalten. Dummerweise sind die in der Überzahl, zumindest auf den öffentlichen Baggerplätzen. Solltest du eine davon tatsächlich mal ins Bett bekommen, kann es durchaus passieren, dass du dich ganz unvermutet mit einem leblosen Brett beschäftigt siehst. Wirklich unangenehm. Eine Erfahrung, auf die ich gerne verzichtet hätte."

"Was gab's bei Dir denn eigentlich nicht...?" fragte Max zweifelnd.

"Tja", meinte Harry, drehte Max den Rücken zu und blickte nach unten. "Wirklich keine tolle Sache. Ich habe mich hinterher hundeelend gefühlt. Ich war Anfang zwanzig, als wir mal nach der Bandprobe in der Stammkneipe saßen, um kurz vor Mitternacht, und nach zwei oder drei Bieren herumflachsten. Die nächste, die reinkommt, ist mir, markierte ich den Hufe scharrenden Hengst vor meinen Kumpels. Und tatsächlich, es kam eine Bekannte herein, auf die ich schon lange scharf war: Hübsches Gesicht, ordentliche Oberweite, Hintern eine Idee zu groß. Nicht lange fackelnd lud ich sie zum Cuba Libre ein. Sie fing wie auf Kommando sofort an zu baggern wie verrückt, und keine zehn Minuten später fragte ich, ob sie nicht mit zu mir kommen wollte. Sie sagte ja, und ich verließ mit ihr siegesgewiss das Lokal."

"War ja klar", murmelte Max trocken.

"Zuhause bei mir duschten wir, schließlich war es eine schwüle Julinacht. Aber dann! Als wir im Bett lagen, meinte Sie doch glatt, so, ich mache am liebsten gar nichts, du darfst mit mir anstellen, was du willst. Und versteinerte. Wie ein Fossil. *Darf!* Plötzlich hatte die vermeintliche Sexbombe den Charme eines kalten Buffets." Max lachte.

"Geschieht dir recht, was hast du erwartet? Wenn du so eindeutig den Hengst markierst, dachte sie völlig zu Recht, du fällst sofort über sie her und sie braucht sich nur noch zurückzulehnen."

"Aber heißt das denn gleich, dass ich automatisch den Alleinunterhalter geben muss? Meiner Meinung nach hat Sex was mit allen Beteiligten zu tun, oder hab ich da was falsch verstanden? Ich meine, technisch gesehen lief der Beischlaf, anders konnte man das nicht nennen, zwar noch ab. Aber sie lag einfach so da, wie eingeschlafen. Oder tot. Huach."

Harry schüttelte sich bei dem Gedanken. "Ich schlummerte zum Glück bald weg. Am nächsten Morgen war ich froh, dass sie zeitig das Haus wieder verließ und wollte sie ehrlich gesagt nie wieder sehen, so blöd habe ich mich gefühlt." Harry drehte sich wieder zu Max um. Der sagte, nicht ohne eine Spur Schadenfreude:

"Ich frage mich langsam, ob ich jetzt neidisch auf dich sein soll, oder ob es mir doch ganz lieb ist, dass mir sowas erspart blieb."

"Tja, die berühmte Kehrseite der Medaille, mein Lieber", sagte Harry. Es klang fast ein wenig zu abgebrüht, fand er, und er entschärfte schnell:
"Ich meine, wie willst du rausbekommen, mit welchem Frauentyp du es jeweils zu tun hast, ob die Anmachmethode überhaupt Erfolg verspricht und so weiter, wenn du es nicht probierst? Was glaubst du, welcher Frauentyp denn besonders auf dich anspricht?"

"Puh, was du so alles fragst", druckste Max. "So analytischtechnisch bin ich nie an die Sache rangegangen. Ich glaube, die Frauen machen eher mich an. Also ich warte auf eindeutige Signale, die nicht misszuverstehen sind, damit ich aus mir herausgehe."

"Bleib lieber in dir drin und gib dich, wie du bist. Aber okay, schauen wir uns mal deine bisherigen Damen genauer an, vielleicht werden wir dann fündig." Jetzt klang Harry definitiv nach Volkshochschule, fand Max und stichelte: "Meister Harry geht der Sache auf den Grund, ja? Bin ich dein Studienobjekt oder sowas?"

"Hee, jetzt bloß nicht alles wörtlich nehmen, ja? Du hast schließlich damit angefangen!"

"Naja", meinte Max langsam, "erinnerst du dich noch an Kerstin?"
"Sicher doch. Ewig lange Beine, schwarze Haare bis sonstwohin. Meistens ein bisschen viel Parfüm aufgelegt, oder?"

"Genau. Was war das denn für ein Typ? Ich habe mich immer gefragt, was ich da falsch gemacht habe. Schließlich hatte sie doch diesen Hammer abgeliefert mit der Dänemarkfahrt."

"Dänemarkfahrt?" hinterfragte Harry.

"Ja klar, weißt du doch noch. Wir waren verabredet, samstagnachmittags. Und ich schaffte es nicht, rechtzeitig zum Treffpunkt zu kommen." Max´ fatale chronische Unpünktlichkeit. Das Pendant zu seinem eigenwilligen Ordnungssinn. Wäre auch ein Wunder, wenn er sich nicht mindestens ein Date damit ruiniert hätte, dachte Harry und verfolgt die Darlegung einer unangenehmen, fast kuriosen Geschichte.

"Jedenfalls waren wir verabredet, weiß nicht mehr, wozu, aber sie war weg, als ich kam…"

"Wieviel zu spät warst du denn?"

"Höchstens eine Stunde, nicht mehr." Harry kicherte.

"Nicht mehr, ja? Das sind fünfzig Minuten zuviel, jedenfalls bei einer Frau. In einer Stunde kann viel passieren…"

"Bingo", plingte Max. "Jedenfalls probierte ich sie bis montagsmorgens vergeblich telefonisch zu erreichen, immer war die Maschine dran. Gegen Mittag klappte es endlich, und da erzählte sie mir unverblümt, dass Kurt, ein gemeinsamer Bekannter, sie am Treffpunkt hätte stehen sehen. Sie sei sauer auf mich gewesen, dass ich nicht pünktlich war und so weiter, und habe seine Einladung auf ein Weekend in Dänemark angenommen. Und steigt kurzerhand in sein Auto ein. Tja, und sie hätten das ganze Wochenende mal lecker durchgebumst. Zitat Ende."

"Nett." Mehr fiel Harry dazu nicht ein. "Auch eine Art, Schluss zu machen. Wie fest war das damals zwischen euch?"

"Fest genug," sagte Max traurig. "Danach war ich absolut fertig, wir sind ungefähr drei Wochen zusammengewesen, zum Sex war's noch gar nicht mal gekommen. Ich verstehe das Ganze bis heute nicht und finde es einfach nur total gemein." Harry sah Max den Schmerz an, den ihm dieses Erlebnis bereitet hatte, obwohl die Sache jahrelang zurücklag.

"Oh weh", mitfühlte er. "Darf ich was dazu sagen?" erkundigte er sich dann vorsichtig. Max nickte.

"Schätze, bei ihr hättest du direkt auf den Punkt kommen müssen." meinte Harry fachmännisch. "Die wollte doch in erster Linie Sex mit dir." Max klappte zur Abwechslung mal den Unterkiefer nach unten.
"Bitte? Sex? Und warum kriege ich davon nichts mit? Sie hat mir drei Wochen lang das Gefühl vermittelt, dass ich zentimeterweise vorgehen muss. Woher sollte ich denn bitteschön wissen, was sie wirklich will?"

"Na, eine schriftliche Einladung wird sie dir nicht gerade geschrieben haben. Aber da gibt's doch eine Menge Zeichen, mein Lieber."

"Bitte nicht wieder Ginas Geheimsprache, das..."

"Blödsinn, das ist nicht geheim, sondern ganz amtlich. Nummer eins - die Haare. Wenn ich mich recht erinnere, fummelte Kerstin permanent darin herum. Warf sie von einer auf die andere Seite, so dass der Scheitel mal links mal rechts war. Ihre Hände hat sie auch nie bei sich gehalten. Als ihr bei mir auf der Couch nebeneinander gesessen habt, tätschelte sie entweder dauernd deine Oberschenkel oder fasste dir unter irgendeinem Vorwand ins Gesicht. Hast du das denn nicht geschnallt?"

"Nö", nölte Max. "Ich dachte, sie hätte es gerne, wenn ich es langsam angehen ließe. Sie war so romantisch mit ihrer Vorliebe für französische Kitschfilme, Rilkegedichte und dergleichen."

"Logo, und genau das ist oft genau umgekehrt zu verstehen", erläuterte Harry. "In Wirklichkeit kann sie´s kaum abwarten, dir in den Schritt zu fassen. Aber erst, wenn du ihr zeigst, wo bei dir die Männlichkeit zu finden ist. Romantisch wird sie, wenn die Powernummer vorbei ist. Dann heißt es: Her mit Kerzenlicht, Rotwein und Streicheleinheiten bis zum Muskelkater…"

"Äh, bitte?" machte Max matt.
"Klar doch! Sie gehört zu den Frauen, die zuerst von dem reden, was sie nach dem Sex wollen. Remember, das Gegenteil von Brad Pitt. Wie sah den dieser he-lass-uns-mal-nach-Dänemark-fahren-Typ aus, der sie abgeschleppt hat?"

"Groß, blond, Typ Bär und ziemlich athletisch."

"Aha", sagte Harry bedeutungsschwer. "Und was ist das für einer?"

"Der kam ursprünglich von dort und hatte noch eine Ferienhütte in der Nähe von Roskilde, glaube ich", steckbriefte Max. "Wie konnte ich mich nur so täuschen. Der hat ihr wohl genau das gegeben, was sie gebraucht hat…"

"Verbuch´s als nicht erkanntes Angebot", sagte Harry. "Die Gelegenheit kommt bestimmt wieder. Wenn du´s wirklich willst. Das mit der Ja-Nein Verwurstelung ist ein alter Hut. Warum das so ist, kann ich dir nicht sagen, ist halt so. Aber Achtung: Bei der Falschen kriegst du möglichweise was auf die Nüsse, wenn du ihr trotz eines klaren Neins weiter an die Wäsche gehst."

"Oh oh, genau das ist es, weshalb ich lieber kein Risiko eingehe", sagte Max bestimmt. Worauf Harry bemerkte:
"Du solltest es aber ausprobieren, der Schmerz vergeht, die Erfahrung bleibt. Aber du denkst sehr lange darüber nach. Das ist der sittliche Mehrwert dabei."

"Na gut, na gut", meinte Max, "auf die Gefahr hin, mich als völliger Anfänger zu outen, jetzt will ich´s dann mal wissen. Welche Typen hast du noch auf Lager?"

"Na, *ich* nicht", lachte Harry, "unsere Wildnis da draußen." Und deutete vom Terrassengeländer mit einer weiten Geste von Westen nach Osten und zurück.
"Nett sind die kleinen, etwas drallen Pummelchen. Nein, im Ernst, ich meine, es kommt drauf an, was die Mädels selbst von sich halten, wie sie sich einschätzen. Männer sind doch in der Regel der Überzeugung, sie würden ganz besonders gut abschneiden hinsichtlich ihrer Attraktivität auf Frauen. Gerade in der Provinz ist das der Fall. So mancher Bauer mit Bauchansatz, lichtem Haarkranz schon mit dreißig, gelben Zähnen, Überbiss und anderen unschicken Attributen kommt sich vor wie ein Zampano, für den nur ein Model in Frage kommt."

"Woher weißt du das denn schon wieder?" fragte Max. "Nein, wie konnte ich vergessen, Gina…"

"In diesem Fall nicht. Das ist sozusagen bekannt. Liest du denn keine Frauenzeitschriften?"

"Nee, wozu? Die heißen ja wohl nicht umsonst *Frauen*zeitschriften…"

"Zum Beispiel wegen der Psychoecke. Hochspannend, sag´ ich dir. Neulich stand da was von Untersuchungen, bei denen sie Männern, die aufgrund ihrer Optik und ihres Auftretens eher am unteren Ende der Skala angesiedelt sind, Bilder von Supermodels vorgelegt haben. Also prollige, dicke, rauchende und trinkende Trampel mit ihrer Schuhgröße entsprechendem IQ, you know. Dann hat man ihnen gesagt, die Models würden auf sie stehen. Und die Typen haben das geglaubt! Haben sich tatsächlich als ebenbürtig, was Attraktivität angeht, bezeichnet. Zum Brüllen! Und…"

"Moment, das läuft aber umgekehrt genauso!" warf Max ein. "Ich kenne ein paar Klassefrauen, die absolut traumhaft aussehen, aber mit einem ausgemachten Loser zusammenleben und auch noch Familie gründen…"

"Na bitte, da hast du´s ja schon!" meinte Harry zufrieden. "Die heiraten jemanden, von dem sie wissen, dass er sie nie sitzenlässt, weil er sich nicht für einen Supermann hält und sich freut, unter der Haube zu sein. Dann werden ruckzuck zwei niedliche brüllsabbernde Ableger mit Windelmultipack-Abo hergestellt, inklusive Rührmichnichtan, ich bin die Mutter!-Status der Alten samt Versorgungsanspruch, versteht sich, und die Sache ist erledigt. Danach, und darauf kannst du deine besten MIDI-Kabel verwetten, wird sie ihn nach Strich und Faden betrügen.

"Puuh, das wird mir langsam zu finster", meinte Max. "Gehen wir ins Wohnzimmer? Du hast das Video mitgebracht, ich muss doch morgen früh zur Plattenfirma damit, lass uns nochmal einen Blick reinwerfen."

"Da wird´s aber noch finsterer…" kalauerte Harry. "Gutes Stichwort, das sagte Gina nämlich auch." Harry setzte sich vor den Videorecorder, legte den Tapeschacht frei, der von einem Berg Zeitschriften verdeckt war, und wollte die Kassette einschieben. Ging aber nicht, war noch ein Video drin. "Wo ist denn die Fernbedienung?" rief er Max hinterher, der zwischenzeitlich Richtung Badezimmer marschierte.

"Muss irgendwo im Wohnzimmer sein." rief es nach einigen Augenblicken von dort, anschließend hörte Harry die Toilettenspülung rauschen. Irgendwo, das war äußerst dehnbar, dachte Harry und begann, sich mit archäologischer Präzision durch das Chaos zu wühlen. Bis Max aus dem Bad rief: "Ups, hier isse ja, wie kommt die denn auf die Waschmaschine?"

Harry musste in sich hineingrinsen und beendete die Ausgrabung.

Na, wenn der mal keinen ausgiebigen Urlaub braucht, dachte er. Aber ohne Frau machte ihm das keinen Spaß, das wusste Harry schon. Deshalb nahm Max in den letzten drei Jahren, seit er ohne feste Beziehung war, Urlaubsveranstalter wie Club Med und dergleichen in Anspruch. Alleine am Meer, das lag Max einfach nicht. Zu einem ordentlichen Urlaubsflirt war es merkwürdigerweise trotzdem in keinem dieser Clubs gekommen.

Nicht wenige Frauen fuhren doch mit festen Absichten nach Ibiza oder in die Karibik. Max, Max, Max, dachte Harry besorgt. Erst kürzlich hatte Max beiläufig seine Zukunft beschrieben mit ´In zehn Jahren an Weihnachten werdet ihr mich aus Mitleid einladen, damit ich Heiligabend nicht alleine sein muss. Als Geschenk gibt´s von euch ein 10.000-Teile Puzzle mit der Ansicht eines Herbstwaldes, dazu eine einzelne Teetasse mit meinem Namen drauf…´

Nachdem sie endlich das Video eingelegt hatten, redeten sie kaum noch miteinander. Sie sahen sich den endgültigen Schnitt an, kritisierten oder lobten abwechselnd Details. Das Thema Frauen aber war vorläufig abgefrühstückt.

Eine knappe Stunde später machte sich Harry nach einer standesgemäßen grönemeyerdeutschen Verabschiedung Nt-schüss-mchsgut-bsbald-wir-tlefonirn auf den Heimweg. Sobald er im Auto saß, merkte er, wie verspannt er inzwischen war. Irgendwie deprimierte ihn Max und seine Unfähigkeit in Sachen Frauen. Hoffentlich war das nicht ansteckend.

Also erst mal was für´s Ego, dachte er, kurbelte das Fenster seiner heißgeliebten DS Baujahr 1971 herunter, legte Chicago 17 in den CD-Player und begann auszuparken. "We can stop the Hurting" fönte über die feuchtschmutzige Straße und brachte Harrys Laune sofort wieder in erträgliche Höhen. Mann, groovt das, spaßte er aus dem Fenster. Irgend jemand würde ihn hören, wie immer.
"Tatsächlich, und wieso weiß ich davon nichts?" kommentierte eine hohe Frauenstimme.

Harry sah ein hübsches, blondes, sehr weibliches Etwas, das draußen vorbeilief und den Kopf kurz zu ihm rüber neigte. Er verdrehte die Augen in Richtung Hübsches Etwas, zeigte seine blitzende Reihe Schneidezähne, die er letzten Monat in Los Angeles renovieren hatte lassen, und winkte Thumbs Up in ihre Richtung. Mit einem kicksenden Tha-hi verschwand die niedliche Blonde, und Harry genoss die Erkenntnis, dass das Leben doch immer wieder nette optische Projektionen auf Lager hatte.

3.

Eine Woche später war das Thema Frauen und Max immer noch unerledigt. Harry hatte auch keine Lust, sich damit zu befassen. Die letzten Tage waren von Frühraus und Spätinsbett bestimmt gewesen.

Wenig Essen, viel Dezibel und stereotype Bedienungssequenzen beim Inschachhalten des synchronisierten Elektronikparks, der mehr oder weniger pausenlos Musik machen musste, um sich zu rentieren.

Im Prinzip ging es ihm nicht anders als jedem Fließbandarbeiter, dachte Harry manchmal. Nur dass dieser ungefähr ein Zwanzigstel dessen verdiente, was Harry bekam.

Er lümmelte also wieder auf der Balkonliege und dachte nach. Vielmehr, er leistete sich den Luxus, über Max nachzudenken.

Das Gespräch letzte Woche ließ ihn nachrechnen, wieviele Affairen, Verhältnisse und Beziehungen er eigentlich wirklich hatte, bevor er Gina traf. Gina, ja Gina.

Bei ihr hatte er von Anfang an und zum ersten Mal überhaupt das Gefühl gehabt, eine Frau tatsächlich zu verstehen. Meistens jedenfalls. Sie war es auch, die offen genug war, um ihm die ganzen Ungereimtheiten, die Frau Mann so zu bieten hat, ordentlich aufzuklären. Schlau wie Stephen Hawking, gemorpht in die körperliche Hülle von Jessica Rabbit, erklärte sie ihm das Universum. So etwa. Nur das es hier stattdessen um die weibliche Seele ging. Was im Einzelfall durchaus einem weiteren komplizierten Paralleluniversum entsprechen konnte.

Harrys Gedanken umkreisten sein Vergangenheits-Fotoalbum. Je genauer er nachdachte, desto mehr Affairen fielen ihm wieder ein. Meike, Celia, Nikki. Susanna, die damals schon 24 war, er aber erst 17. Die liebe Melissa. Herrje, Elena hätte er beinahe unterschlagen. Sabrina, oh die hatte es in sich gehabt. Ein Stück weit jedenfalls. Petra, der einzige echte Seitensprung in seinem Leben. Marcie, obwohl sie nur ein one-night-stand war. Riesig, und zwar in mehrfacher Hinsicht. Bei ihr war alles wie bei anderen Frauen, nur eben alles ein wenig größer als üblich. Hatte durchaus seinen Reiz.

"Ooops, waren ja doch über dreißig, oh oh", zählte er schließlich. Davon hatte er fast die Hälfte abblitzen lassen, in sexueller Hinsicht jedenfalls, und fragte sich plötzlich warum nur.

Die Anzahl selbst war dabei sekundär. Wichtig waren die Erlebnisse und Erfahrungen, die er mit sämtlichen Gespielinnen machte. Im Gegenteil, Männern mit lautstark kommunizierten Abschusslisten in der Größenordnung 100 oder mehr zollte er nicht den geringsten Rudelneid.

Und seit Gina machten andere Damen eher selten eine gute Figur in seinen Augen. Zumindest hinsichtlich potentieller Anmachabsichten. Er hatte seither eine Vorliebe für echte Klassefrauen, deren Auftreten und Erscheinungsbild Lichtjahre entfernt von jeglichem Getue lagen. In dieser Sphäre wird die Luft dünn, fand er. Und dass Gina sein bisher bester Treffer war.

Nun ging es um das Glück seines besten Freundes und Harry wollte seines quasi mit Max teilen. Selbstverständlich nicht mit der gleichen Frau. Auf die Nummer konnte er absolut verzichten.

Harry stemmte sich aus der Liege, um eine Cola aus dem Kühlschrank zu holen. Dabei fiel ihm auf, dass Gina ihren Terminkalender auf dem Frühstückstisch liegengelassen hatte.

"Na, da ruf ich sie doch gleich an und sag es ihr, bevor sie anfängt zu suchen", murmelte Harry.

Halt mein Freund, wer wird denn gleich…, wisperte es von der Schulter, auf der in Trickfilmen immer das Teufelchen sitzt und kleine fiese Ideen von sich gibt. Harry blieb mitten in der Küche stehen. Schrecksekunde über das, was er da zu denken wagte. Hm. Halt mein Freund, wer wird sich eine solche Gelegenheit entgehen lassen, setzte er dann den Gedankengang des Teufelchens fort und tarnte ihn vorsichtshalber mit dem HB-Männchen-Spruch.

Ginas Timer, dachte er beinahe ehrfürchtig. Ginas Timer, das war eine Welt für sich. Eine geballte Dosis weiblicher Indiskretionen, Rätsel, Chiffren. Adressen. Telefonnummern. Kleidergrößen. Hormonzustände. Undefinierbare Symbole und Krakeleien. Horoskope. Kinokarten. Konzertkarten. Quittungen diverser Boutiquen. Plattenläden. Videotheken. Und natürlich jede Menge ganz private Notizen. Wer wann was bei wem gekauft, angezogen und wieder ausgezogen hatte. Kein einfacher Terminkalender. Sondern eine Art Scrapbook von Ginas Privatleben. Inklusive Frauenfreundschaften. Und den Dingen, die nun mal nur Frauen miteinander besprechen konnten.

Vielleicht lag hier die Lösung für Max´ Problem?

Der schwarze Timer mit der kleinen Messingschnalle schien geradezu unschuldig zu lächeln. Nicht vorwurfsvoll oder drohend. Auch kein Wirmüssenleiderdraußenbleiben-Lächeln. Eigentlich ganz nett, befand Harry. Doch etwas hinderte ihn daran, sich sofort über dieses Edelarchiv herzumachen. Was würde Gina dazu sagen?

Nicht, dass sie Geheimnisse voreinander hätten. Aber sie wäre nicht begeistert von der Idee, wenn er darin herumschmökerte, das war klar. Der Timer hatte die Aura eines Tagebuchs. Reinschauen nur nach ausdrücklicher, jederzeit zurückzunehmender Genehmigung und allenfalls in Auszügen gestattet. Vorsicht, ethischer Schusswaffengebrauch. Hm.

Harry hielt sich für einen entscheidungsfreudigen Menschen. Aber das hier konnte ins Auge gehen. Bei allem Humor, Gina war ziemlich temperamentvoll und verstand wenig Spaß, wenn es um ihr Privatleben ging. Ihre Wutausbrüche, mit denen sie auf Indiskretionen im Job reagierte, waren legendär, und kaum noch jemand wagte sich an ihre Schreitbischablage, wenn er keine ausdrückliche Erlaubnis dazu hatte. Anderseits - es wäre schließlich für einen guten Zweck.

"Ach, was soll´s", beschwichtigte sich Harry und schon lag der Planer aufgeklappt auf dem Tablett. Hoppla. Wie von selbst aufgegangen, so ein Zufall. Harry stellte Colaflasche und Glas dazu und bewegte sich ins Freie. Jetzt konnte er es sich erst recht bequem machen, versprach es doch eine spannende Lektüre zu werden.

Harry blätterte einmal kurz durch, von hinten nach vorne, und begann ordentlich bei A. "Mal sehen, bei welchem Namen es klingelt." Er kannte einige Damen aus Ginas Welt persönlich, andere vom Telefon. Manche gar nicht. Hin und wieder hatte Gina die eine oder andere konkretere Personenbeschreibung ihrer Bekannten gemacht. Klang vielversprechend.

Mal sehen: Annegret, Familie Ahaus, Arnulf, Praxis Dr. Astheimer, Alberta, Auto Finishing, Aisha, Alltours, Allkauf, alles für Ihren PC…halt, wie war das? Aisha. Pause. Klang exotisch, oder wenigstens orientalisch. Türkisch. Eventuell auch Tochter von 68er Eltern mit Ashramfaible oder Abneigung gegen deutsche Namen.

Harry fischte einen kleinen Notizzettel aus seiner Gesäßtasche, wofür er eine halbe Turnübung hinlegen musste. Er griff nach dem Stift, der an Ginas Terminplaner klemmte und notierte: Aisha, 069/212 323 und 06128/249 24 249. Zwei Nummern? Und auch noch so übersichtliche. Solche Nummern haben Taxizentralen oder Pizzabringdienste, dachte Harry. Trotzdem. Er müsste ja zuerst herausbekommen, wie es hinter einer Nummer aussah. War Aisha ein Teenie? Eine Mitfünfzigerin? Oder vielleicht nur Ginas Pediküre?

Eine von ihren näheren Bekannten anzurufen, wäre unsinnig. Gina würde sofort davon erfahren, und eine so plumpe Verkuppelaktion mit Max würde auch Harry in ein denkbar schlechtes Licht rücken.

Bei einer Unbekannten bestand zwar die Chance, dass diese weder Harry noch Max kannte. Aber es konnte auch ein völliger Griff ins Örtchen sein. B, C, D, E, F. Frisierstudio Styleshop 2002. Ging da Gina hin? Mein Gott, was für dämliche Firmennamen herauskommen, wenn es ganz besonders hip klingen soll. Das klang weniger wie ein Experte für Säuredauerwelle, sondern eher wie ein Autotuner mit Spezialabteilung für pimmelersatzwürdige Doppelrohrauspufftöpfe. Früchte Damatopoulos, Fanny, Frauke Mahmet-Schröder, Foto Klingler, Fechtkurs, Frauenärztezentrum am Henningerturm…

"Grundgütiger!" flehte Harry, nur ein echtes Telefonbuch ist amüsanter. Vielleicht sollte er aufhören, systematisch zu suchen, sondern einfach blind mit dem Zeigefinger tippen. Wie auch sonst, dachte er albern, ein Zeigefinger ist von Natur aus blind. Sollte das Teufelchen wählen. Also gut. Er klappte das

Buch wieder zu, schloss die Augen und schlug es an einer anderen Stelle wieder auf. Aha. G wie gelandet, goldrichtig, ganz glasse gombiniert, dachte er und kicherte. Er fühlte sich fast wie ein Schuljunge, der seiner Lehrerin unter Lebensgefahr das berühmte kleine rote Buch mit den Noten stiebitzt hatte.

Hmmm. Goldschmiede-Atelier Maren, Genesis Mailing List, Giselas Nagelstudio, Gitta. Ja, Gitta klingt gut, schon fast solide gut. Gina hatte diesen Namen auch schon irgendwann mal im Zusammenhang mit Typografie oder so ähnlich erwähnt.

Jetzt erinnerte er sich. Das war diese rothaarige Grafikerin. Rothaarig, lecker, dachte Harry. Vielleicht Mitte zwanzig. Arbeitete freiberuflich für ein Werbeatelier in der Nähe der Ringkirche in Wiesbaden. Und er glaubte sich daran zu erinnern, dass Gina kürzlich erst meinte, sie sei gerade einer längeren Beziehung entkommen, geheilt von trauter Zweisamkeit und offen für Abenteuer aller Art.

Die rufe ich sofort an und verpass ihr ein Date mit Max, beschloss Harry und plante einfach drauflos. Ohne einen Gedanken daran zu verschwenden, ob die Dame überhaupt Lust auf ein Blind Date hatte. Dass er gerade dabei war, sich äußerst dünnes Eis unter die Fußsohlen zu nageln, verdrängte er absichtlich. Das Leben war zu kurz für lange Bedenkzeiten.

Er ging ins Büro, nahm sein Handy vom Tisch und wählte Gittas Nummer. Am anderen Leitungsende piepte es. Einmal, zweimal, dreimal. "Hallo?" Eine sanfte und angenehm weibliche Stimme meldete sich. Tief. Viel tiefer als Harry erwartet hatte. Hatte die Dame noch einen Nebenjob? Oder war sie etwa ein Kerl?!

Harry gab sich einen Schubs.

"Hi, äh…chchchrrem", räusperstotterte er. Na super, Harry Frauenheld kriegt keinen graden Ton raus. Und ich erteile jemandem Nachhilfe. Okay, nochmal.

"Hier ist Harry, ich habe die Nummer von Max äh…" Von Maxäh. Ein tolles Intro. Verdammt, in diesem Moment merkte er erst, dass er vollkommen vergessen hatte, sich auszudenken, welche Story er Gitta eigentlich auftischen wollte.
"Von Maxäh?" fragte die sympathische Stimme nach. "Wer ist Maxäh? Und um was geht´s bitteschön?"

Harry fing sich rasch und entfernte das äh mitsamt seiner Nervosität.
"Ich bin aufgefordert, Sie beziehungsweise dich, wenn es gestattet ist, zum Dinner einzuladen. Max, um den geht es, ist Videokünstler mit Schwerpunkt Musik und möchte Animationen aus der Werbung künstlerisch umsetzen. Ich bin sein Produzent, und wir sollten uns mal zur Projektbesprechung zusammensetzen. Es steht ein komfortables Budget zur Verfügung. Wie wäre es morgen abend um 20 Uhr?" Harry hielt kurz die Sprechmuschel des Telefons zu und musste einmal kräftig Luft holen.

"Darf ich fragen, wieso ihr ausgerechnet mich anruft?" skeptikte es professionell vom anderen Ende. "Ich steh nicht mal im Telefonbuch, also vielleicht schickst du mir mal ein Fax, wo…"

"Oh, Verzeihung, habe ich das nicht erwähnt? Max hat was von dir im Zusammenhang mit dieser Agentur bei der Ringkirche gesehen und war sehr angetan, wie hieß die noch gleich…" hängte er pseudovergesslich dran. Der müde Trick funktionierte.

"Na ja", kam es superfreundlich vom anderen Ende, "die Jobs da sind wirklich ganz gut geworden. Okay, Video. Hört sich ja ganz nett an. Wo sollen wir uns denn treffen? In deinem Büro?"

Harry hatte wieder genug Atem.

"Prinzipiell ja, aber ich hätte einen anderen Vorschlag. Das Büro wird gerade renoviert, die Handwerker, you know, und da dachte ich, wir könnten in Wiesbaden zu Thai-Min gehen, das ist beim Kurhaus um die Ecke, vor der Ampel an der Wilhelmstraße. Dort gibt es nette ruhige Plätzchen, und wir gehen alles in Ruhe bei einem hübschen Essen durch. Wie sieht´s morgen abend aus, acht Uhr?"

"Ah ja, das passt, Thai-Min kenne ich. Klar, warum nicht. Und wie erkennen wir uns gegenseitig?" fragte Gitta nach.

"Kein Problem, ich bestelle ein Tischarrangement und das Restaurantpersonal wird dich zu uns führen, wenn du deinen Namen nennst." Harry hatte seine weltmännische Überzeugungs-Stimmfarbe eingeschaltet, damit dieses Blind Date nicht in letzter Sekunde durch Gittas Widerstand gefährdet würde.

"Also gut, dann bis morgen abend acht Uhr. Ciao", sagte Gitta, und Harry sank zufrieden zurück in den Sessel. Geschafft. Sofort nahm er erneut den Hörer in die Hand und wählte Max Nummer. Maxäh, also sowas. Harry grinste. Als Max den Hörer abnahm rief Harry: "Ha-ha!"

"Selber Ha-ha, was gibt´s?" erwiderte Max leicht genervt.

"Dein erstes Date ist im Kasten", triumphierte Harry, "morgen abend geht´s nach Wiesbaden, mein Lieber. Du hast doch nichts vor, oder?"

"Nein, habe ich nicht. Aber welches Date?"

"Na, Glückwunsch, du triffst morgen eine Klassefrau, sage ich dir. Ich will dir gar nicht zuviel verraten, sonst ist die Überraschung kaputt…"

"Sag mal, bis du noch zu retten? Willst du mich jetzt mit Gewalt verkuppeln, oder was?" protestierte Max. "Hab ich irgendwas verpasst? Hat jemand gesagt, he, der arme Mann braucht dringend ein Date?" Harry versuchte, den Dämpfer nicht persönlich zu nehmen.

"Lass mal stecken, der Entrüstete steht dir gar nicht gut."
"Mir egal, ich steh nicht auf solche Aktionen…"
"Sieh es mal so: Wir beide gehen was essen, treffen eine wunderhübsche Frau, genießen einen witzigen Abend, und was hinterher passiert, sehen wir dann. Nichts mit verkuppeln, nichts mit Blind Date und so", flunkerte Harry rasch. "Nur ein Essen. Okay?" Max knurrte eine Zustimmung.

"Und wen treffen wir da?"
"Gitta heißt sie, ist supertoll, gaaaaanz nett. Kreative. Freelancer. Und nicht auf den Mund gefallen. Ich hol dich um sieben ab, dann sind wir kurz vor acht drüben. Mach´s gut, bis dann", bestimmte Harry und gab Max keine weitere Gelegenheit zum Widerspruch. Glück duldete in diesem Moment keine Einrede.

Dann griff Harry ein zweites Mal nach dem Timer.
Sollte diese Gitta sich als Reinfall entpuppen, brauchte er noch einige Reservedates für Max. Reservedates, das klang wie bei einer Hostessenagentur, dachte Harry, schob alle moralischen Bedenken beiseite und blätterte, jetzt schon so gut wie hemmungslos.

Er musste aufpassen, dass er sich nicht festlas. Mann, war das auf einmal spannend. Meine Freundin, das unbekannte Wesen, dachte er fasziniert und merkte gar nicht, wie er sich systematisch festlas.

4.

Max stand vor dem Spiegelschrank und holte tief Luft. Nervös? Ich doch nicht. Von wegen. Vor Verabredungen war es immer dasselbe. Lampenfieber war nicht das richtige Wort dafür. Er war einfach wuschig.

Linke Spiegeltür auf, Kamm rausholen. Kämmen. Rechte Spiegeltür auf, Aftershave raus. Auftragen. Hand abwischen. Haare von der Schulter pflücken.

Ihm war, als ob er sich jeden einzelnen Handgriff vorsagen müsste, um wirklich nichts zu vergessen. Es stand einiges auf dem Spiel. Seinen Freund Harry wollte er nicht enttäuschen. Dieser machte sich solche Mühe um sein persönliches Glück. Irgendwie selbstlos, befand er.

Na, und diese Gitta. Wenn sie wirklich so toll war, wie Harry sie beschrieb. Woher er sie wohl kannte? Hoffentlich war sie nicht eine seiner berüchtigten Verflossenen. Oder eine, die er hartnäckig abblitzen ließ, um sie nun mit seinem besten Freund zu verkuppeln? Nein, sowas sah Harry nicht ähnlich.

Bestimmt war sie eine richtige Superfrau, und Max musste um Himmels Willen eine gute Figur bei der Sache machen. Bloß keinen Scheiß bauen, sagte er sich und merkte, wie seine Handflächen wieder feucht wurden. Mist.

Schwitzhände, ungefähr so sexy wie eine Tüte Katzenstreu. Habe ich Mundgeruch? fragte sich Max, hielt sich die Handfläche vor den Mund und hauchte sie so an. Pfefferminz, dachte er zufrieden und drehte sich zur Badewanne, über der das Hemd ordentlich auf dem Kleiderbügel hing. Er zog es herunter und der Bügel klöterte nachbarnerschreckend laut in die

Wanne. Egal. So schnell, wie es das Hemd ohne Knicke zu bekommen zuließ, zog er sich an.

Dabei dachte er über die bevorstehende Konversation nach. Was hatte Harry gesagt? Videoanimationen, Werbung, aha. Klang gut, war aber hoffnungslos gelogen. Irgendwie war das geradezubiegen, bevor Gitte ihn auf die Probe stellte. Oder war es Gitta? Gritta? Brigitte? Birgitta?

Immerhin konnte es auch charmant aussehen, wenn der ganze Videoproduzentenschwindel aufflog. Dann würde die Dame denken, dass zwei erwachsene Männer diesen ganzen Zinnober nur erfunden hätten, um ihr zu imponieren. Könnte sich eigentlich geschmeichelt fühlen, dachte Max.

Während er seine Kreditkarten und Schlüssel zusammensuchte, verteilte er diese und ähnlich blödsinnige Gedanken flüsternd in der Wohnung. Was soll's, dachte er überflüssigerweise, in dem Chaos würden sie kaum auffallen. Reiß dich mal zusammen, ermahnte er sich gleich darauf. Wenigstens sein Hirn hatte in vorschriftsmäßigen Bahnen zu arbeiten, sonst könnte er den Abend gleich vergessen. Den zerstreuten Prof mochte heute keine Frau mehr sehen, der gehörte in die siebziger Jahre.

Die Türklingel ertönte wichtigtuerisch, und die wuschigen Gedanken verzogen sich brav in die Ecken des Zimmers. Max lief zur Gegensprechanlage. "Jahaaa?"

"Komm runter, ich bin's. Bist du soweit? Ich stehe im Halteverbot", tönte es aus dem kleinen Lautsprecher. Wo sonst, dachte Max, um diese Zeit. Das war eines der zentralen Probleme in Sachen Besuch. Wer Max besuchte, musste eine halbe Stunde für die Parkplatzsuche einkalkulieren. Oder eine Wanderung.

Die Alternative war Parken mit laufendem Motor und Warnblinker in der dritten Reihe, wo Busse und LKWs mit ziemlich sauren Fahrern haarscharf am linken Außenspiegel vorbeischrammten. Wie erwartet hatte Harry sich dafür entschieden und stand deshalb auf die Minute pünktlich auf der Matte. "Komme!" erklärte Max der Sprechanlage, schnappte noch schnell nach der Sonnenbrille auf der Ablage neben der Eingangstür.

Dummerweise schien diese jedoch eindeutige Suizidabsichten zu hegen, sie stürzte sich jedenfalls ohne ersichtlichen Grund zu Boden, genauer gesagt, zu Parkett. Beide Gläser sprangen aus der Fassung. Naja, wenn ich die Fassung verlier, dürfen die das auch, kalauerte Max in Gedanken. Nix war´s mit cooler Brille. Dieser Auftritt konnte schon mal ausfallen. Max wurde noch nervöser. Das fing ja gut an.

Max beobachtete mit gemischten Gefühle, wie Harry seinen Blick an ihm runter und wieder rauf schweifen ließ. Dann nickte er anerkennend, und Max atmete auf. Wortlos stiegen sie in die DS. Obwohl Max vor Spannung beinahe platzte, hielt er sich mit Fragen über das bevorstehende Rendezvous zurück, bis sie den dichten Stadtverkehr durchpflügt hatten. Wenn Harry mit zusammengezogenen Augenbrauen fuhr, war es besser, ihn nicht anzusprechen.

"Alles klar?" fragte Harry dann plötzlich, als sie endlich auf der Autobahn waren. Mit entspannten Augenbrauen.

"Yes", antwortete Max, und es klang betont ordentlich und aufgeräumt, dieses kurze kleine Yes. "Bin gespannt, wie sie aussieht, unsere Gitta," meinte er.

"Deine Gitta", verbesserte Harry, "wie du weißt, bin ich ja bereits bedient." Dabei war er selbst einigermaßen aufgeregt und ebenso auf Gittas Aussehen gespannt.

"Ich schlage vor, wir reden zuerst mal von allem möglichen, statt über deine Videos und ihre Werbung. Sonst kommt sie vielleicht zu schnell drauf, dass wir sie geleimt haben. Small talk at it´s best. So kriegen wir schneller raus, was für ein Typ sie ist", erklärt Harry fachmännisch die Marschrichtung. "Wenn´s irgendwelche Schwierigkeiten deinerseits gibt, dann gehen wir halt mal kurz zusammen auf´s Klo. Das wird sie sicher nicht missverstehen."

"Soso, und ich dachte, nur Mädels gehen zusammen auf´s Klo?" witzelte Max. Harry strafte ihn mit einem tadelnden Seitenblick, und Max machte folgsam ein Okidoki. Zu einem intelligenteren Kommentar war er nicht mehr fähig, sein Mund hatte die Trockenheit vergessener Kaktuserde angenommen. Die vielen Fragen waren in einem dichten Nebel aus Nervosität untergetaucht.

Nach einer knappen Viertelstunde bogen sie in Wiesbadens Ringschnellstraße ein. Harry hatte sich gut überlegt, wo er einen Parkplatz in der Nähe finden könnte, und so landeten sie fast direkt gegenüber der Eingangstür des Thai-Min. Es war zehn vor acht.

"Bestimmt ist sie noch nicht da", hoffte Max.

"He, das klingt ja fast erleichtert! Keinen Rückzieher jetzt, ja?" ranzte Harry nicht eben freundlich, als sie ausstiegen.

"Nee, natürlich nicht. Man wird doch wohl noch ein gepflegtes Lampenfieber haben dürfen, oder?" muffelte Max zurück.

Eine reizende Asiatin führte sie zu ihrem reservierten Tisch. Gerade als Max innerlich aufatmete und mit einem Aklimatisiervorsprung von wenigstens zehn Minuten rechnete, tauchte eine große rothaarige Frau am Tisch auf und stellte sich wartend daneben.

"Danke, wir warten noch auf jemanden, Sie können aber gerne schon mal die Getränke…" wollte Harry geschäftsmäßig die Kellnerin anweisen. Dann blieb ihm der Rest des Satzes im Hals stecken. Max hatte die Lage schneller gepeilt und gab vorsichtshalber gar nichts von sich. Von wegen Kellnerin.

Wenn das Gitta war, dann würde dieser Abend ein Knaller. Oder ein Megareinfall. Durchschnitt jedenfalls nicht, das war sicher, dachte Harry und hakte in Gedankenblitzgeschwindigkeit den ersten Eindruck ab.

In dem zweifellos teuren schwarzen Lederkleid steckte ein einsachtzig großer Luxuskörper. Mit einer Taille aus der Insektenabteilung, garniert mit zwei wirklich knackigen Rundungen in der Oberstadt, ganz oben thronte ein tolles Gesicht. Fast alabasterfarben, umrandet mit einem roten, geometrisch asymmetrisch geschnittenen Pagenkopf. Diese Seidenfäden sollten wohl ihre Haare darstellen, konstatierte Harry.

Was ab der Hüfte kam, konnten sie zum Glück nicht sehen, der Tisch verdeckte den Rest vorerst. Puh, damit hatte Harry nicht gerechnet. Max noch viel weniger.

"Heichen", samtete es ihnen entgegen und Harry erkannte wenigstens die Stimme vom Telefon wieder.

"Ah, einen wunderschönen guten Abend, Gitta. Mein Partner Max und ich freuen uns außerordentlich, Sie hier zu haben.

Nehmen sie doch Platz. Hier vielleicht?" diktierte Harry und deutete auf den Sessel neben Max. Max brachte keinen Ton raus, sondern hielt ihr wortlos die rechte Hand hin.

"Waren wir am Telefon nicht schon beim du gelandet?" gegenfragte sie belustigt. "Ich bin Gitta. Ihr braucht meine Dienste, habe ich gehört? Schießt mal los, ich bin gespannt!" samtete es schon wieder. Hui!

Max rang nach Luft und hoffte, dass es niemand merkte, schließlich hatte er sich doch vorgenommen, besonders souverän zu wirken.

"Gewiss", stieß er knapp hervor und es klang eher wie ´Quiz´. Im Sitzen sah Gitta noch besser aus. Umwerfend, einfach nur umwerfend.

"Nehmen wir doch einen kleinen Aperitif", schlug Harry vor, nicht zuletzt um bei sich selbst wieder für geregelte Luftzufuhr zu sorgen. Diese Dame war schlicht atemberaubend. Sehr atemberaubend. Und diese Stimme. Mehr als Samt. Wie eine federleichte Kashmirstola schmiegte sie sich ihnen entgegen, von zarten Feen und Elfen gestrickt aus Vokalen und Konsonanten. Garniert mit ein paar Seufzern, Kommas und langen, versonnenen Gedankenstrichen. Wow. Wow! dachte Max fassungslos. Wau.

Kaum zu glauben, dass sie wirklich alleinstehend sein sollte. Ob Harry sich da nicht geirrt hatte? Frauen dieser Bauart hatten doch mindestens sieben Verabredungen. In einer ruhigen Woche wohlgemerkt.

Auch Harry sorgte sich ein wenig. Nicht nur um Max, sondern auch um seinen Plan. Außerdem war Gitta, das war ihm sofort klar, sich ihrer Wirkung auf Männer sehr bewusst. Vielleicht eine Lackstärke *zu* bewusst. Max saß nicht gerade wie die Souveränität in Person da. Im Gegenteil, er hatte seine Sprache immer noch nicht wiedergefunden und begnügte sich damit, hingebungsvoll auf seiner Unterlippe zu kauen. Sah wieder mächtig nach Maxäh aus, fand Harry. Nicht nach Max.

Plötzlich musste Harry sich ganz schrecklich zusammennehmen, um nicht laut loszulachen. Vor seinem geistigen Auge entstand auf einmal ein Bild aus dem Film Addams Family Teil 2. Max hatte wirklich etwas von…- endlich kam die hübsche Asiatin zurück und stellte das kleine Tablett mit drei Sherries auf den Tisch. Max´ Unterlippe bekam eine kleine Kaupause, und alle drei griffen beherzt zu.

"Auf eine fruchtbare Zusammenarbeit!" toastete Harry etwas zu aufgekratzt. Sofort fiel ihm auf, wie zweideutig das klang. Yep, und wieder haarscharf vorbei, dachte er. Hoffentlich fand Gitta endlich etwas an Max. Bis jetzt ignorierte sie ihn schlicht und einfach. Und zwar konsequent.

Harry hatte das Menü bereits vorher telefonisch geordert, so dass im Laufe der nächsten Stunde das kulinarische Kapitel des Abends mehr oder weniger vollautomatisch abgespult wurde.

Dazu lieferten sie sich einen Small Talk erster Güte.
"Wie war das mit dem Video?" begann das Geplapper. – "Ist noch nicht ganz spruchreif, wollte erst mal sehen, ob wir überhaupt miteinander können, geht um bablablabla, ganz neues Konzept, blubb…" – "Schmeckt klasse, ist das Rind?" – "Also, ich esse ja kaum noch Fleisch…" – "Aber das hier ist wirklich

lecker…" – "Kennst du denundden, warst du schonmal daundda…"

Zum Auswandern, dachte Harry irgendwann. Nichts, aber auch gar nicht passierte. Immerhin machte Maxäh eine glänzende, ziemlich maxmäßige Figur, parlierte gekonnt, sah prima aus und schaffte es, sich nicht zu bekleckern. Er brachte es sogar fertig, die knusprige Ente im Hauptgang ohne einen Spritzer stilecht zu zerteilen. Respekt, dachte Harry optimistisch.

Aber das, was zwischen Gina und Max hin und her sprang, waren nicht etwa Flirtfunken, sondern höchstens einmal ein verirrtes halbes Reiskorn. Trotzdem schien Max die Begegnung zu genießen. Er strahle Gitta an, flirtete gekonnt mit ihr und fühlte sich ganz offensichtlich wohl. Naja, etwas untertrieben war das schon. Er badete in Gittas Anwesenheit wie in einem heißen Schaumbad. Dabei war Max´ Begeisterung jedoch deutlich größer als Gittas. Sie genoss bestenfalls den emotionalen Komfort einer lauwarmen Dusche.

Als beide gleichzeitig nach dem winzigen Fässchen Sambal Oelek griffen, genau wie im Film, dachte Harry, nicht einmal da passierte es. Max, ganz Gentleman, zog seine Hand zurück und ließ Gitta den Vortritt. Ganz selbstverständlich nahm sie das Gewürz, ohne sich zu bedanken. Aha, dachte Harry misstrauisch, sie ist also ein verwöhntes Früchtchen. Nicht gut. Genauso ungut wie die öde Musik. Lalalalala, dudeldudel. Die Asien-Essenslala, die überall auf der Welt gleich klang, in einem Endlosloop aus Minilautsprechern an der Decke.

Dann passierte etwas Merkwürdiges.

Harry hatte eben seinen Teller leergegessen und sinnierte eine Sekunde über den dreiviertelvollen Schüsseln auf der Warmhalteplatte. Da begegnete er Gittas Blick. Vielmehr, ihre Augen fraßen sich in seine wie Kloreiniger. Und Harry erschrak. Mach's mir hier auf dem Tisch, stand da drin zu lesen. So deutlich, als hätte sie ein Plakat gemalt und an die Wand gekleistert. Und: Lass uns den Typ loswerden und alleine um die Häuser ziehen. Harry verging augenblicklich der Appetit. Was für eine hinterhältige Tussi.

Gitta meinte seelenruhig, während sie Max anstrahlte: "Na ihr zwei Hübschen, was machen wir denn mit dem angebrochenen Abend? Noch Lust auf einen Kaffee?" Bing, dachte Harry.

"Warum nicht?" antwortete Max, ganz hingerissen von Gittas vermeintlicher Supernettigkeit. "Wie sieht's aus, Harry?" meinte er.

Zuerst glaubte Harry, dass es Max sei, der ihn unter dem Tisch ins Bein zwickte. Aber das war physikalisch unmöglich, Max' Arme waren keinesfalls einsfünfzig lang. Also musste es Gitta sein, die, ohne eine Miene zu verziehen, an seinem Bein fummelte. Harry zog das Bein zurück, aber die Hand war immer noch da. Diesmal höher. Auweh, noch ein Bing. Bei Harry trommelte ein ganzes Feuerwehrgeläut heftigst gegen die Schädelinnendecke. Sie wird doch nicht mit uns beiden, oh Gott, doch das will die, sirente es in seinem Kopf mit 120 Dezibel. Hat eine Frau ein Date mit zwei Männern, dann findet sie das in bestimmten Fällen, hoppla, wie dumm oder hoppla, wie praktisch. Ein Hoppla gibt es dabei immer.

Hier schien die zweite Variante vorzuliegen, registrierte Harry irritiert. Er hatte im Falle Gitta offensichtlich in die Schublade mit der Aufschrift Nimmersatte Nymphomaninnen gegriffen.

Was per se kein Fehler sein musste, manchmal jedoch zwischen ´im Moment leider unangebracht´ und ´total fehl am Platz´ changierte.

Und Max, herrje, wie unschuldig saß er da und bekam überhaupt nicht mit, was da gerade ablief.

"Na, was läuft heute noch ab?" fragte er grade wie ein Zehnjähriger, der sich nach einer Stunde Carrerarennbahn nach dem restlichen Geburtstagsprogramm erkundigt, bevor er selig in die Heia steigt.

"Tja, Gitta, bei einer so hinreißenden Dame wie dir würde ich eigentlich niemals nein sagen. Aber ich werde es trotzdem tun", versuchte Harry mit souveränem Producerlächeln den Kopf aus der doppelten Schlinge herauszuwinden. Die Hand war immer noch da.

"Unglücklicherweise müssen Max und ich jetzt direkt noch eine Nachtschicht einlegen und eine Produktion fertigbekommen, die morgen unwiderruflich Deadline hat. Sonst droht Konventionalstrafe." Er hoffte, das sei massiv genug gewesen, um Gitta von ihren schlüpfrigen Plänen abzubringen.

"*Was* müssen wir?" hakte Max mit Maxähgesicht ein. "Davon weiß ich ja gar nichts…" Harry warf ihm einen Blick zu, mit dem man kleine Kinder erschrecken kann und wandte sich dann mit Herzensbrechergesicht zu Gitta:

"Max sollte es erst in letzter Minute erfahren, sonst hätte ich ihn angesichts deiner Anwesenheit niemals zurück auf den Boden legaler Arbeit holen können." Das zog. Die Hand war weg. Das selige Lächeln auf Max´ Gesicht allerdings auch.

Gitta war genügend geschmeichelt, so dass sie sichtlich erkennbar ein Einsehen hatte und die beiden in Gedanken sausen ließ. Für heute.

"Na sicher, ich werde euch doch nicht vom Geldscheffeln abhalten wollen. Wie geht´s denn mit dem Projekt weiter?" Wieder dieses blöde Blinzeln in Harrys Richtung. "Wann sehen wir uns wieder?" ließ sie immer noch nicht so locker, wie Harry das in diesem Augenblick gewünscht hätte.

"Wir bleiben in Kontakt", verallgemeinerte er sofort. "Wir tauschen am besten unsere Emailadressen aus, auch die Telefonnummern, Max, dein Kärtchen bitte, und dann kommunizieren wir weiter, wenn es konkret wird…"

Harry versuchte, keine Dauerabsage durchklingen zu lassen. Max´ Gesicht verformte sich immer mehr zu einem 3-D Fragezeichen, aber zum Glück schwieg er. Man konnte ihm ansehen, dass sein frisch montiertes Gefühlsgerüst gegenüber Gitta gerade im Begriff war, sich aus seiner virtuellen Verankerung zu lösen, dem Feminalmagnetismus Adieu zu sagen und, zumindest für die heutigen Abendpläne, Richtung Unendlichkeit im Schwarz eines imaginären und bereits mit mehreren Geigen bestückten Nachthimmels zu verschwinden.

"Tja, ich fürchte, wir müssen auch sofort aufbrechen und möchte dir sehr für den reizenden Abend danken. Ich freue mich, dass wir uns kennengelernt haben", bilanzierte Harry. "Es bleibt dabei, wir telefonieren bald, wie abgesprochen, nicht wahr?" log er noch schnell.

Max hatte sein Sprachzentrum noch immer nicht wieder ausfindig machen können. Machte nichts. Gitta übernahm die Verabschiedung selbst.

"Gerne, ihr Süßen", samtete sie wieder so zuckersüß, dass sich Harry einen Moment lang wünschte, er hätte sie vor vielen Jahren getroffen. Als er zufällig mal Single war. Es wusste sehr wohl, dass sie eine Menge Spaß miteinander hätten haben können.

Harry konnte nicht deuten, ob das Schweigen aus Max´ Richtung nun ein gutes oder schlechtes Zeichen war. Was er wusste war, dass der Abend ein Reinfall gewesen war. Ein kompletter Reinfall. Max hatte seine Hände in die Jackentasche gestemmt, das Kinn nach unten gedrückt und betrachtete angestrengt den Boden vor seinen Füßen. Der Weg zum Auto schien sich unnatürlich zu dehnen. Harry fühlte sich immer unbehaglicher. Max hatte es also geschnallt.

Dass diese Gitta iggitta es nur auf Harry abgesehen und Max bestenfalls als nette Tischdekoration behandelt hatte. So ein Mist. Aber woher hätte man das wissen sollen? Er müsste unbedingt mal mit Gina reden. Diese Gitta war doch wohl kein Umgang für sie.

Unvermutet verließ Max seinen Schmollwinkel.

"Sag mal, was sollte das? Bist Du total gaga?" fragte er in wohlgesetztem Tonfall. Harry fiel fast der Autoschlüssel aus der Hand, so überrascht war er von Max und seinem plötzlichen Angriff.

"Was meinst du?" schoss er vorsichtshalber zurück. "Das weißt du genau. Ich meine deinen glänzenden Einfall mit der Nachtschicht. Es war doch sonnenklar, dass ich sie sofort hätte abschleppen können. Warum versaust du mir das mit dieser idiotischen Idee? Ich denke, das Essen war genau für diesen Zweck gedacht?!"

Harry konnte es nicht fassen. Anstatt sich darüber aufzuregen, dass Gitta ihn ignoriert hatte, ärgerte er sich über Harrys Ausrede! War ihm denn völlig entgangen, dass diese Dame es gar nicht auf Max abgesehen hatte? Unfassbar. Das verlangte nach sofortiger Klärung.

"Sag mal, ist dir denn nicht aufgefallen, dass diese Gitta es nur…–"

"Es nur auf eine anständige Nummer heute abend abgesehen hat. Die war reif, und ob mir das aufgefallen ist. Mir und Max dem zwoten ebenfalls, nur damit du´s weißt." Oje, Maxäh war ganz Max und jetzt wirklich sauer. Harry verstand ihn nur zu gut. Wenn der Hormonhaushalt erstmal auf eine Nacht zu zweit einjustiert war, ließ sich das nicht so ohne weiteres auf Null zurückdrehen. Mist.

"Meine Güte, was´n Scheiß." Jetzt vernachlässigte Max auch den Tonfall, er polterte einfach los. "Das war das erste und letzte Mal, dass ich mich von dir zu so einem blöden Date habe abschleppen lassen. Warum machst du sowas, nur um mir anschließend den Spaß zu versauen, hm?"

Höchste Zeit für eine entschärfende Pausenklappe.
"Mach mal bitte halblang", dämpfte Harry, während sie ins Auto stiegen. "Ist dir denn nicht aufgefallen, dass diese Gitta uns unbedingt beide wollte? Ich meine, sie hat mich die ganze Zeit angebaggert, hast du das nicht gemerkt? Wie hätte ich da mitmachen sollen? Wir wären zu dritt in der Kiste gelandet, und…"

"Wofür hältst du dich eigentlich?" explodierte Max. "Meinst du, alle Frauen auf diesem Planeten fahren automatisch auf dich ab? Das ist ja wohl das allerletzte. Kaum sind wir mal zu dritt unterwegs, muss die einzige Frau am Tisch natürlich *natürlich*...", er betonte das Wort mit verächtlicher Quietschigkeit, "natürlich auf dich stehen. Klar. Warum auch nicht, wenn ich mickriger Typ auch die einzige Alternative bin..." Oh, oh, dachte Harry alarmiert, das klang verletzt. Nicht mehr sauer, sondern verletzt.

"Tut mir leid, vielleicht hab ich da was falsch verstanden..."

"Spar dir das bitte", giftete Max. Pure gekränkte männliche Eitelkeit klang da raus, gepaart mit ordentlicher hormoneller Wut und einer Spur Abneigung gegenüber Harry. Eine blöde Mischung.

"Also komm, jetzt beruhige dich mal wieder. Erster Versuch gescheitert. Meine Schuld. Wir probieren es einfach nochmal..."

"Ha-ha, ganz bestimmt nicht." Max hörte sich an wie ein wild-gewordener Traktor, der durch den Park walzte. Stehenbleiben, riefen die vergessenen Frisbeescheiben auf dem Rasen. Anhalten, flehten die leeren Coladosen. Ha-ha, ganz bestimmt nicht. Brumm, brumm.

"Kleiner Reality-Check, nur für die Akten: Du bist nicht Superman, vielleicht erinnerst du dich?" schob Max sehr sauer nach. "Und ich bin nicht Quasimodo. Ach ja, und nicht jede Frau auf der Welt will unbedingt mit Superharry in die Kiste, auch wenn´s für dich schwer zu akzeptieren ist. Ich will gar nicht wissen, wie Gina mit deiner eingebildeten Omnipotenz klarkommt." Rumms. Das saß.

Harry war ratlos. Wie sollte er das wieder einrenken? Dass der Weg nach Hause aber auch so lang war.

"Ich bring dich jetzt heim und fahr dann auch nach Hause. Lass uns morgen weiterreden", zwangsverfüllte er das leere Schweigen, verschob die Angelegenheit und bog in Max´ Wohnstraße ein. Dabei hoffte er auf einen ironischen, witzigen, zynischen oder einfach nur vorhandenen Kommentar von Max. Aber nichts kam. Max stieg aus, wuchtete die Autotür zu und stiefelte zum Hauseingang. Als er die Tür aufschloss, drehte er sich kurz um und hob eckig grüßend die Hand, bevor er im Flur verschwand. Grönemeyer nonverbal. Höchstens.

Harry trat auf das Gaspedal und fuhr heim. Ihm war irgendwie übel. Superharry. Omnipotenz. Mannomann. Er fühlte sich wie das letzte Arschloch. Tut mir echt leid, Alter.

Max und er hatten sich in der Vergangenheit schon öfter gezofft, aber so aggressiv war Max noch nie geworden. Sie hielten ihre Auseinandersetzungen immer auf einem freundschaftlichen Niveau. Klartext, hitzige Diskussionen, aber freundschaftlich. Diese einsilbige, unversöhnliche Muffeltour war neu. Und sie gefiel Harry überhaupt nicht. Das Schlimmste war, dass Max einfach falsch lag. Oder nicht? Harry rief sich die Szene mit Gitta nochmal ins Gedächtnis. Neutrales Hallosagen, essen, nochmal essen, smalltalken. Gekonntes Flirten Gittaseits mit Harry und Max, aufgekratztes Zurückflirten von Max, eher distanziertes Antworten von Harry. Bis die Hand unter dem Tisch kam.

Nein, dachte Harry, Max machte sich etwas vor. Gitta hatte es auf Harry abgesehen, nicht auf Max. Das hatte nichts mit Superharryphantasien zu tun, entschied Harry. Er drückte die Fernbedienung für das Garagentor, parkte und stieg aus.

Als er die Alarmanlage ausschaltete und die Haustür aufschloss, hatte er sofort das Gefühl, es sei jemand hiergewesen. Zuerst sah er sich hektisch um. Aber für einen Einbruch war das Gefühl zu nett. Gina? dachte er sofort und freute sich. Gerade jetzt wäre es schön, Gina den ganzen Mist beichten zu können. Er hatte völlig verdrängt, dass sie ja irgendwie von der Sache erfahren musste. Am besten sofort.

Im Wohnzimmer angekommen, sah er zwar nicht Gina, aber ein großes Blatt Papier auf dem Sofa liegen. *Habe meinen Timer bei Dir liegengelassen und geholt. Leider warst Du nicht da, mein Held. Fühle Dich geküsst! Deine Prinzessin.* Darunter ihr Lippenabdruck aus Lippenstift.

Harry ahnte, dass der Klops im Bauch mit dem schlechten Gewissen zu tun hatte, das er in diesem Moment klopfen hörte. Nachdenklich steckte er die Hände in die Hosentaschen und ging zum Fenster. In seiner rechten Hand raschelte etwas. Im nächsten Moment hielt er den Zettel mit diversen Telefonnummern in der Hand, und das schlechte Gewissen verflüchtigte sich. Natürlich würde er Gina beichten. Aber später. Viel später.

5.

Montagnachmittag. Zwei Tage nach dem Desaster, wie es Max für sich verbucht hatte. Er lief unruhig in seiner Wohnung herum und schob die Papierstapel hin und her, ohne wirklich aufzuräumen.

Für heute war eine Rückmeldung bei Gitta per Email vereinbart. Nicht etwa privat, sondern wegen der angekündigten Zusammenarbeit. Sehr witzig. Wenn er nur an den Namen Gitta und die gefakte Geschichte mit dem Job dachte, wurde er sauer.

Außerdem hatte seine betonharte Vorstellung von Superharry Risse bekommen. War doch etwas dran, dass Gitta nicht ihn, sondern Harry angebaggert hatte? Aber wenn ja, warum hatte er davon nichts mitbekommen? Sie hatte ihn doch so eindeutig angelächelt. Angeschmolzen. Geistreich und witzig mit ihm geflirtet. Hatte er sich das nur eingebildet?

Max zog eine CD aus dem Regal. Temptations. Papa was a Rolling Stone. Rein in den CD Spieler. Play Taste betätigen, lautmachen. Ja!

Das war Gutelaunemusik. Max holte eine Tafel Schokolade aus dem Kühlschrank, riss das Papier auf, brach sich ein ordentliches Stück ab und schob es genüsslich in den Mund. Dann noch eins. Und noch eins. Es war nicht mehr viel übrig von der Tafel, als die Türklingel verzweifelt versuchte, sich gegen die Lautstärke der Musik zu behaupten. Max hörte sie gerade noch, überlegte dabei, welche unangemeldete Person das denn sein könnte, und lief zur Gegensprechanlage.

"Hallo", maxte er neutral hinein.

"Ich bin´s", harryte es unverkennbar. "War zufällig in der Nähe. Kann ich hochkommen?" Ok, der hatte auch ohne Voranmeldung Zugang, jeden anderen hätte er weggeschickt. Ohne zu antworten drückte Max den Türöffner. Prööööt. Er drückte lange und gründlich. Harry hatte den hässlichen Sound verdient.

Nach zwei Minuten sah er Harry durch den Türspion, und öffnete, noch bevor dieser oben angekommen erneut klingeln musste.

"Hi there", rief Harry gegen die Temptations an und lief schnurstracks Richtung Anlage. "Darf ich mal leiser machen?" fragte er und Max nickte nur ein paarmal.

"Prima Nachrichten", sagte Harry ziemlich hastig. "Kennst du Mona und Meret?"

"Äh, nee. Wieso", fragte Max zurück, "was ist ein *Monanmeret?*"

"Das ist nicht eins, sondern zwei und auch kein Es sondern zwei nette Mädels, mit denen wir ausgehen werden. Für die deine Musik kein Buch mit sieben Siegeln ist, da habt ihr gemeinsame Interessen von Anfang an und du kannst dir eine von beiden aussuchen oder nacheinander beide ausprobieren, wenn du willst. Na, ist das nix?"

"Geht das auch in Slow Motion, ich habe kein Wort kapiert", bremste Max.

"Na klar", meinte Harry. "Zuerst mal: Vergiss das mit Gitta, das war ein gewaltiger Griff ins Klo."

"Nett, dass du das auch so siehst", murmelte Max trocken.

"Ok, gebe ich zu. Meine Schuld. Vergessen wir´s. Aber kommen wir zu Punkt zwei. Vorhin habe ich Mona getroffen, deren Freundin heißt Meret. Mona kenne ich von der Radiopromotionagentur. Sie ist echt nett und wir kamen so ins Erzählen, irgendwann auch über deine Videos, und das fand sie völlig spannend. Und ich habe ihr gesagt, dass ihr euch durchaus mal kennenlernen könntet und sie sagte, na wunderbar, gehen wir doch mal hübsch rustikal was essen…"

"Ohne mich, ich bin von Dreierdates kuriert", bellte Max und fuhr fort, die Stapel im Wohnzimmer rumzuschieben.

"Lass mich doch mal fertig erzählen. Kein Dreierdate, ein Viererdate! Sie bringt ihre Freundin Meret mit. Ist Backingsängerin oder so, und sie kennt einen Geheimtip tief im Taunus. Eine alte Mühle samt dazugehörigem Gutshof, umgebaut zu urwüchsigem, aber edlem Restaurant. Dazu im ehemaligen Gesindehaus ein romantisches Hotel, falls man zum Beispiel zuviel Alkohol getrunken hat. Oder noch was vor. Klingt doch nicht schlecht, oder?"

"Ich möchte keinen hormonellen Reinfall wie bei Gitta erleben. Da bist du mir übrigens trotzdem eine Erklärung schuldig", ordnete Max an. Harry wippte von einem Fuß auf den anderen und wackelte gleichzeitig mit dem Kopf hin und her.
"Ja gut, ich hab´s ja schon begriffen. Entschuldige tausendmal", überzeichnete Harry, "war mein total misslungenes Debüt als Partnervermittler. Kannst du mir das jemals nachsehen?"

Pause.

"Ich überlege noch", meinte Max, als Harry fragend drein-schaute. "Ich weiß, du meinst es gut mit mir. Hatte halt verdammt dicke Eier nach dem misslungenen Essen mit Gitta. Wahrscheinlich habe ich in Gedanken ihren Hintern schon vor mir die Treppe hier hochwackeln sehen. Wenn solche Visionen plötzlich einen Airbag kriegen, ist das nicht besonders ange-nehm."

Max setzte sich auf das Sofa vor der Terrassentür und griff nach einer der zahlreichen Fernbedienungen, die auf dem Couchtisch vor ihm lagen. Harry platzierte sich daneben und klappste Max mit der Handfläche auf den Oberschenkel, eine Idee zu fest. Worauf Max zusammenzuckte und ihm einen angeärgerten Seitenblick zuwarf.

"Sorry", entschuldigte sich Harry vorsichtshalber gleich nochmal. Meine Güte, Max hatte wohl ein besonders dünnes Fell an diesem Tag.

"Du hast ja recht", meinte Max nach einer kurzen Pause und drückte die Play Taste der Fernbedienung. Ein Video begann, bunte Bilder mit rascher Schnittfolge in die Wohnung zu schütten, begleitet von einem hart prägnanten und sehr tanz-baren Rhythmus.

"Lass uns das neue Promotionvideo ansehen, mmh? Habe ich in den letzten drei Tagen dran gearbeitet."

Max arbeitete an einem weniger künstlerisch ambitionierten Dancefloorprojekt mit stattdessen sehr klaren kommerziellen Absichten. Drei Tänzerinnen hüpften erst abwechselnd und dann gleichzeitig mit einer raffiniert synchronisierten Choreo-grafie über den Monitor, dazwischen erschien für kurze Augen-blicke immer wieder ein extrem schnell rappender Afroameri-kaner. Flashlights durchzuckten die Hook des Refrains und die

Drumbeats pochten vehement im Takt der Körperbewegungen der drei Mädels. Dann ein Break. Eine Unterwasserszenerie mit sich sanft bewegenden Delphinen, virtuell am Computer hergestellt. Der Rhythmus verklang im Nirwana und alles schien in tausend Farben ineinanderzufließen.

Synthesizerklangteppiche durchfluteten den Raum. Und schon ging der Beat wieder los. Nach vier Minuten fünfzehn war alles vorbei.

"Wow, nicht schlecht!" kommentierte Harry spontan. "Der Club Remix?"

"Genau", bestätigte Max, "das Radioformat schneide ich gerade im Harddiskrecorder. Der Mittelteil fehlt, die Bässe habe ich weitgehend rausgenommen und das Intro ist nur halb so lang. Kommen exakt zwei Minuten fünfzig raus. Der erste Refrain bei Nullpunktvierzig. Und ist vier Beats langsamer. Was meint du?"

"Tja, du scheinst langsam an die Qualitätsstufe Superharry dranzukommen", frotzelte Harry, um dem gefährlichen Missverständnis endlich die Schärfe zu nehmen. Außerdem hatte Harry in Sachen musikalische Kommerzabteilung eine Menge Erfahrung. Die richtigen Schnittmuster für die verschiedenen Produktformate beherrschte er im Schlaf und sah daher auf den ersten Blick, dass Max´ neues Erzeugnis durchaus das Zeug zum potentiellen Hit hatte.

"Muss nur noch die Marketingmaschine mitspielen", meinte Max nachdenklich. Rotation war für Airplay, TV und Clubs angesagt. Glücklicherweise konnte er sich zahlreicher Kontakte bedienen, die sich im Laufe der Jahre um ihn versammelt hatten. Er war in der Vergangenheit oft bekniet worden, neben der Kunst auch mal was für die Konsumschiene zu tun. Und jetzt hatte er eine Idee, ein Konzept und die passenden Akteure dazu. Warum also nicht. Dieses ´warum nicht´ hatte auch für die Leichtigkeit des Projekts gesorgt, künstlerischen oder gar philosophischen Anspruch durfte man nicht suchen. Dagegen eine tanzbare Gute-Laune-Nummer für Disco und Autoradio. Basta.

Harry positives Feedback verbesserte Max´ Laune schlagartig. So zog er auch die Geschichte mit Mona und Meret in Erwägung, statt gleich abzulehnen. Sängerinnen, das hieß, es gab wenigstens eine gemeinsame Basis für den Smalltalk. Hier könnte tatsächlich ein gemeinsamer Job rausspringen. Zumindest für eine der beiden. Backingsängerinnen unterlagen auf rätselhafte Weise in jedem Studio einem natürlichen Schwund und hatten in erster Linie ein zeitiges Verfallsdatum. Und nie genug zu tun.

Der Traum fast jeder dieser Damen: Endlich Frontsängerin werden, koste es, was es wolle. Daher war Karteinachschub von Produzentenseite permanent gewünscht. Hatte sich eine von denen erstmal einen Producer, Rundfunkpromoter, Regisseur oder was auch immer an Entscheidungsträgern geangelt, dann konnten die Mädels quasi zum Sturm auf die Charts blasen. Und auf einiges anderes, aber das kam später.

"Ist dir noch was aufgefallen, was ich ändern sollte?" fragte Max beflissen. Harry schüttelte den Kopf und zog verneinend die Mundwinkel nach unten. "Also was ist mit den beiden?" fragte Harry stattdessen eine Winzigkeit zu ungeduldig.

"Also gut, gebongt." Max betätigte die Eject-Taste der Fernbedienung. "Und wann genau?" wollte er wissen, während er zum Recorder lief, um die Cassette aus dem Schacht zu ziehen.

"Nun, wie wär´s heute abend, Mittwochs hat die Mühle angeblich Ruhetag, außerdem ist morgen Feiertag, also könntest du auch ein Mitteninderwoche-Weekend draus machen, wenn du weißt, was ich meine", schlug Harry süffisant vor. "Sicherheitshalber fahren wir mit zwei Autos. Ich meine, ich sollte auf jeden Fall nach Hause, falls Gina anruft. Obwohl sie mir momentan echt meine Ruhe lässt, die goldige."

"Das ist das Stichwort", sagte Max langsam. "Ich meine, was sagt Gina eigentlich zu der Sache?"

"Zu welcher Sache?" fragte Harry.

"Komm, das weißt du genau. Du arrangierst Dates für uns beide, und das im 48-Stunden-Takt, telefonierst ständig mit alleinstehenden Damen. Wie findet sie das?"

"Gar nicht", konstatierte Harry knapp.

"Gar nicht?" Pause. "Soll das heißen, du hast ihr nichts davon erzählt?" fragte Max danach erstaunt. "Ich dachte, ihr sagt euch alles?"

Harry zuckte die Schultern. "Und wenn schon. Wir lassen uns eben unsere kleinen Freiheiten, das ist alles. Außerdem kennt sie ohnehin…" Harry verschluckte das Outing gerade noch rechtzeitig. Max brauchte nicht zu wissen, woher die Kontakte stammten.

"Kennt was?" fragte Max misstrauisch.

"Frauengespräche", bog Harry die Frage ab. "Sie hätte nichts davon, wenn ich ihr alles haarklein erzähle." Von dem Timer und der Tatsache, dass alle Frauen aus Ginas Adressenliste stammten, wollte er Max nichts erzählen. Es blieb dabei, Max brauchte nicht alles zu wissen.

Max kam zur Couch zurück und legte das Videotape auf den Tisch.

"Sure, deine Sache. Hier, machst du mir bitte einen Backup, damit ich das Tape nächste Woche vorführen kann?" erkundigte sich Max, worauf Harry zustimmend mit dem Kopf nickte und gleichzeitig die Lippen etwas zuspitzte. "Klar, ich bring dir beide dann heute abend mit."

"Alle vier bitte", antwortete Max. "Ich müsste jetzt dringend noch einkaufen. Kommst du mit, oder hast du noch was vor?" Harry stand abwinkend auf, deutete auf Max´ gut bestücktes CD Regal.

"Ich wollte die Gelegenheit wahrnehmen und endlich mal wieder die Neuerscheinungen durchgehen. Außerdem brauche ich wieder Leerhüllen für Promo-CDs. Bin ja nicht jeden Tag in Frankfurt."

"Ei sischä", hesselte Max mit übertriebenem Frankfurter Dialekt, "Lebensmittel einkaufen ist nicht besonders unterhaltsam, mache ich sowieso lieber alleine. Ich kann mich immer so schwer entscheiden, würde dich sicher eher nerven."

Harry schnappte sich das Videotape. Er ging zur Tür, drehte sich im Laufen nochmal um und fragte:

"Kann ich den beiden dann also zusagen für heute abend? Sagen wir 19 Uhr? Du kommst zu mir?"

"Logo", bestätigte Max, ohne Harry dabei anzusehen.

Er wunderte sich über das plötzliche unangenehme Gefühl in der Magengrube. Harry tat alles, damit Max endlich ein nettes Date zustandekriegte. Tolle Sache das. Aber gleichzeitig hatte Max das Gefühl, dass sein Freund dabei etwas übertrieb. Und warum verheimlichte er Gina die Aktion?

Die Idee, dass Harry etwas hinter Ginas Rücken tat, gefiel Max minutenweise immer weniger. Er kannte Gina ja schon eine ganze Weile.

Diese tolle Frau hatte eigentlich verdient, dass man ihr reinen Wein einschenkte. Und normalerweise war das zwischen Harry und Gina auch so. Komisch, dass er ausgerechnet diesmal auf Geheimniskrämerei bestand.

An diesem Tag bekam Max von dem unangenehmen Trubel im Supermarkt kaum etwas mit, so sehr war er in seine Gedanken versunken, während er die Regale entlang wanderte. Zum ersten Mal seit vielen vielen Jahren fühlte Max so etwas wie Misstrauen gegenüber Harry. Und dann war da noch die Frage, wie Harry plötzlich all diese Frauen aus dem Hut zaubern konnte. Oder woher auch immer.

6.

"Nein, was für ein Zufall", hauchte Mona. "Genau das habe ich auch gelesen, und ich muss sagen, es hat wirklich mein Leben verändert. Eine völlig neue spirituelle Erfahrung, wenn man sich mal drauf einlässt, und…" Abrupt saugte Mona den Rest von dem, was sie Harry gerade ins Ohr flötete, wieder zurück.

Für Sekunden war im Restaurant nur das gemeine schrille Jaulen zu hören. Plötzlich war auch Monas rechte Hand wieder auf dem Tisch. Aha, dachte Max und tauschte einen vielsagenden Blick mit Harry. Dann wurde protestierendes Gemurmel laut.

"Welcher Schwachkopf hat denn so eine ordinäre Alarmanlage?" fragte der dicke Glatzkopf am Nebentisch seine Begleiterin überflüssigerweise.

Harry legte die Serviette auf den Tisch und drehte sich um.
"Der Schwachkopf bin ich, wenn Sie gestatten, Sie…Sie Bullterrier!" sagte er mit superfreundlichem Lächeln und stand auf. Endlich war er die heftig fummelnde Hand zwischen seinen Beinen wieder los. Diese Mona hatte mit ihren langen Fingernägeln wirklich das Fingerspitzengefühl einer Heckenschere. Was immer sie damit erreichen wollte, so würde sie es jedenfalls nicht schaffen. Dazu kam ihr aufgesetzt geistreiches Gerede.

Dafür hatte er nun ein anderes Problem.
Natürlich hatte ihn der Verkäufer gewarnt. Das Ding würde oft genug ohne Grund losgehen, hatte er gesagt, bei dieser insta-

bilen Elektrik. Man bedenke, eine klassische DS mit so einer hochempfindlichen Alarmanlage. Nun war die teure Sensorik dieser Wunderwaffe gerade dabei, den Abend zu versauen. Der Bullterrier nebenan schnappte empört nach Luft und sah Harry nach, wie er aus dem Lokal eilte.

Mona und Meret warfen Harry ebenfalls einen langen Blick hinterher, was Max schon nicht mehr wunderte. Er hatte genug. Nicht nur, dass diese beiden Traumfrauen den ganzen Abend an Harry klebten, sie brachten es sogar fertig, Max das Gefühl zu geben, komplett unsichtbar zu sein. Diesmal war es offensichtlich.

Und jetzt saß er mit den beiden hier allein fest. Mist, was sage ich jetzt bloß, dachte er hilflos. Von wegen Sängerinnen. Sängerin war nur Meret, was Mona genau tat, hatte er bis jetzt nicht herausbekommen. Aber immerhin, diese Meret war wirklich ganz nach seinem Geschmack. Aber wie sollte er es fertigbringen, dass sie ihn endlich zur Kenntnis nahm?

Wie auf Stichwort stand Mona auf und fummelte an ihrem linken Auge herum.

"Ich glaube, meine Kontaktlinse ist irgendwie verrutscht", meinte sie mit Kleinmädchenstimme. "Könntest du mir bitte mal eben helfen, ich seh kaum noch was", sagte sie und deutete mit dem Kopf in Richtung Toilette.

"Aber klar", flötete Meret, nicht ohne Max einen zuckersüßen Blick zuzuwerfen. "Du entschuldigst uns kurz, ja?" sagte sie lächelnd. Damit entschwebten beide zur Damentoilette.

Es war kühl geworden draußen, und Harry legte noch einen Zahn zu.

Der Parkplatz war auf der anderen Seite des Gebäudes. Schon von weitem erkannte Harry, was los war. Kein falscher Alarm!

Jemand hatte das Fenster geöffnet, um die DS auszuräumen. Natürlich war er beim Klang der Alarmanlage getürmt. Wenigstens verfehlte der Sound nicht seine Wirkung, dachte Harry grimmig. Dann blieb er vor Überraschung wie eingefroren stehen. Der Übeltäter war keineswegs getürmt, sondern saß gemütlich im Innern des Wagens und nagte hingebungsvoll an einem Müsliriegel.

Ein dickes flauschiges rostrotes Eichhörnchen hatte sich durch den Fensterspalt gezwängt, das Handschuhfach geöffnet und ein köstliches Buffet darin entdeckt. Halsbonbons, Traubenzucker, altes Brot für die Enten und so weiter. Dass die Alarmanlage randalierte, schien das Tier nicht im geringsten zu stören. Waren Eichhörnchen etwa taub? Wozu dann diese riesigen Puschel auf den Ohren?

Harry kam sich dämlich vor. Natürlich hatte er das Fenster offengelassen. Und das Tier hatte die Gelegenheit genutzt. Konnte man ihm nicht verübeln. Vorsichtig öffnete er die Tür. Das Eichhörnchen blieb sitzen, den Müsliriegel in den winzigen Pfoten, und Harry konnte nicht anders, er musste lachen. Das Tier sah einfach zu niedlich aus. Süß, schlau, schwerhörig und ziemlich frech.

Was weit mehr an Unterhaltungswert war, als die beiden Frauen zu bieten hatten, die eben in der Damentoilette verschwunden waren. Die gerade noch nach allen Regeln der Kunst flirtenden und geistreich plaudernden Tischdamen verwandelten sich vor dem Spiegel in schnippische Gestalten mit dem Sex Appeal von rostigen Schneeschaufeln.

"Ich habe ihn fast soweit, hast du gesehen, er frisst mir aus der Hand!" triumphierte Meret und knetete hektisch ihren

Wonderbra in Form. "Morgen um diese Zeit hab ich den Job, das garantiere ich dir!" Mona nickte.

"Hoffentlich lohnt sich der Einsatz", meinte sie mit einem vielsagenden Blick auf Merets tiefen Ausschnitt.

"Keine Bange, der Typ ist Wachs in meinen Händen."

Mona prustete. "Genau, im wahrsten Sinn des Wortes, leider. Ein paar Grad zu heiß vielleicht", grinste sie, und Meret hob fragend die Augenbrauen.

"Wie meinen?" Mona machte eine kurze Handbewegung mit Daumen und Zeigefinger, und Meret kicherte ebenfalls albern.

"Echt? Tote Hose oder was?" Mona nickte, und Meret meinte verächtlich:

"Dafür ist der andere scharf ohne Ende. Wenn ich noch eine Minute mit dem am Tisch sitze, muss ich kotzen. Dieser schmachtende Hundeblick ist ja kaum zu ertragen." Mona sagte trocken:

"Dann sieh zu, dass er auf seine Kosten kommt. Du weißt doch, er ist sein bester Freund. Und wenn er happy ist, ist es Harry auch, und alle sind zufrieden. Den alten Langweiler schaffst du doch in dreißig Sekunden…" Meret schnaubte entsetzt.

"Denkst du, mir graust vor gar nichts?"

Mona zupfte ein Haar von ihrer Schulter und sagte:

"Dann mach die Augen zu und stell dir vor, es ist Brad Pitt. Das konntest du früher schließlich auch ganz gut." Meret strich ihre Frisur glatt und seufzte. "Also gut, bringen wir es hinter uns. Lächeln!"

Nachdem Harry das Eichhörnchen sanft an die Luft gesetzt und die Alarmanlage abgestellt hatte, schloss er den Wagen ab

und ging zurück zum Lokal. Dabei überlegte er, wie es weitergehen sollte. Offenbar konnten die beiden mit Max absolut
nichts anfangen. Und so amüsant Harry die heimliche
Fummelei von Mona unter normalen Umständen finden würde,
so sehr nervte ihn die Nummer an diesem Abend. Schließlich
ging es hier um Max.

"Da sind wir wieder", sagte Meret, setzte sich und lächelte
Max mit einem sensationellen Augenaufschlag an. "Tut mir leid,
dass wir dich allein gelassen haben. Kann ich das wieder gutmachen?" Dabei rückte sie ein deutliches Stück näher an Max
heran. Ein eindeutig deutliches Stück.

Schon von der Tür aus sah Harry, wie angeregt sich Max und
Meret unterhielten. Ja Hallo, dachte er erstaunt, dann besteht ja
doch noch Hoffnung. Max´ Augen leuchteten wie Kerzen am
Weihnachtsbaum, und Harry setzte sich zufrieden auf seinen
Platz.

"Wie wär´s mit Nachtisch?" fragte er und zwinkerte Max zu.

Doch Max war wuschig. Sehr sehr wuschig. Der Stimmungs-
wechsel ging über seinen Horizont. Er hatte keinerlei Plan, was
sich vor seinen Augen abspielte. Mal hatte er das Gefühl, Mona
würde Harry nach allen Regeln der Kunst anbaggern, dann
glaubte er, in ihrem Verhalten lediglich eine nette und freundliche Charaktereigenschaft zu sehen.

Und Meret, die ihm zweifellos äußerst gut gefiel, schien eine
exakte Kopie von Mona zu sein, nur eben komplett ihm zuge-
wandt. Dann aber auch wieder nicht, als er die beiden zwischendurch verdächtigte, hier eine abgekartete Show abzuziehen. Es
wirkte einfach zu perfekt. Max´ Gefühlswelt war hin und her

gerissen. Andererseits – sei´s drum, wenn sich eine flachlegen ließ, dann her damit.

Und selbst darüber war er komplett baff. Noch nie hatte er so kaltschnäuzig einen one-night-stand in Erwägung gezogen. Diese Meret brauchte einen Job. Klar. Und sie war scharf auf einen one-night-stand. Auch klar. Also warum nicht? Niemals hätte er, anständig wie ein katholisches Gesangbuch, eine derartige Idee zugelassen. Seine Bedenken waren gewöhnlich dergestalt, einer Frau zu keinem Zeitpunkt das Gefühl vermitteln zu wollen, dass sie sich ausgenutzt hätte fühlen können.

Aber wenn sie es drauf anlegte, schoss es ihm in den Sinn. Hatte Harry nicht erzählt, es bestünde die reelle Chance, dass eine Frau sofort Ja sagen kann, wenn man ihr mit direkten und eindeutigen Absichten kommt?

Er spürte einen vehementen inneren Widerstand gegen dieses Ansinnen. Was, wenn sie ihm eine scheuerte? Was, wenn sie ihn vor aller Augen auslachte? Oder was, wenn sie verschmitzt lächelnd zusagen würde?

Max beugte sich leicht zu Meret, schluckte sein Lampenfieber runter und flüsterte ihr ins Ohr:

"Du bist richtig klasse. Mit dir stelle ich mir eine Nacht absolut fantastisch vor…" Er brach ab und konnte es nicht fassen, dass es sein Mund war, aus dem diese ungewohnten Worte gerade ins Freie gekrochen waren. Ungläubig über sich selbst wollte er nochmal ansetzen und eine geistreichere Anmache von sich geben, als ihm Meret ihre linke Brust an seinen rechten Oberarm drückte und säuselte:

"He, so stürmisch habe ich dich ja gar nicht eingeschätzt, aber es gefällt mir, wenn du so bist." Und presste sich noch ein wenig fester an ihn.

Max´ fest umrissenes Universum expandierte soeben in ganz neue, gar nicht Hawking´sche Dimensionen. Hatte sie gerade sehr umfassend und pauschal Ja gesagt, oder was? Im Augenwinkel hatte er noch den Eindruck, Mona habe Meret gerade zugezwinkert, aber der Moment hatte ihn emotional so weggefegt, dass er gar nicht mehr richtig wusste, wo, wann und warum er eigentlich war. Meret ließ keine lange Pause entstehen:

"Die haben hier ganz süße Zimmerchen. Warum machen wir es uns nicht gleich mit einem Fläschchen Schampus gemütlich?"

Max war komplett von den Socken. Bin ich hier Darsteller in einem Erotikstreifen oder welche Wirklichkeit ist das hier, die gerade Vorrang hat, schoss es ihm durch den heißen Kopf. An Denken war nicht zu denken. Eher flimmerte es vor seinen Augen, sein Puls raste mit fast 130 bpm und er hatte das Gefühl, eher Zuschauer denn Akteur der Szene zu sein. Er entschloss sich kurzerhand, einfach alles geschehen zu lassen.

Wie von unbekannten Mächten ferngesteuert erhob sich Max, Meret hängte sich an seinen Arm und die beiden verschwanden Richtung Rezeption, ohne Harry und Mona eines Blickes zu würdigen.

"Die sind wir wohl los", kommentierte Mona brottrocken und beugte sich zu Harry rüber. "Lass uns nach Hause fahren", diktierte sie, was Harry vollkommen gleichgültig war. Er verfolgte mit Vergnügen, dass Max offenbar einer heißen Spur folgte und war außerdem froh, Mona endlich loszuwerden.

"Gerne, darf ich dich zum Wagen begleiten?" ironisierte er die Situation und gab dem Bedienungspersonal das Zeichen zur Rechnungsstellung. Schließlich musste er Mona nun nach

Hause fahren. Nachdem er mit seiner Kreditkarte das Dinner bezahlt hatte, gingen die beiden Übriggebliebenen zum Parkplatz.

Gerade beim Auto angelangt, flötete Mona:
"Meret freut sich sehr auf Jobs, die Hingabe verlangen, verstehst du. Sie ist wirklich toll und anpassungsfähig. Bei euren Produktionen wird sie jedenfalls für viel Glanz sorgen, das garantiere ich dir", behauptete sie forsch. Harry fröstelte es innerlich angesichts dieser Toughheit.

Meret war ein Kaliber sondergleichen, so viel war sicher. Mona ebenfalls. Irgendwie fand es Harry aber auch schon wieder lustig, welche Wege solche Mädels manchmal beschreiten, um zum Ziel ihrer Wünsche zu gelangen. Nun, wenn sich das mit den Wünschen seines besten Freundes deckte, umso besser.

"Sicher", antwortete er erwartungsgemäß, "bei der nächsten Produktion ist sie dabei." Das war zwar glatt gelogen, sorgte aber für Ruhe auf dem Beifahrersitz. Sie stiegen in die DS, Harry legte eine Kenny G. CD ein, stellte die Lautstärke auf dezent, und mit dieser sanften Begleitmusik rollten sie Richtung Frankfurt durch das Dunkel der gerade angebrochenen Nacht. Harry war in Gedanken bei Max. Hoffentlich amüsierte er sich wirklich. Und hoffentlich, hoffentlich ließ er sich von der aufgesetzten Forschheit dieser Meret nicht den Schneid abkaufen…

"Zu dir oder zu mir?", nervte es plötzlich und viel zu laut von der Beifahrerseite. Harry zuckte zusammen.

"Wie meinen…?"
"Na komm, das ist doch wohl der Sinn des Ganzen? Dein Kumpel ist versorgt, und jetzt wäre es doch fein, wenn wir es

uns auch irgendwo gepflegt gemütlich machen würden, oder?" Die Hand war wieder da. Diesmal ganz anders. Zielstrebiger. Und irgendwie militant, fand Harry.

"Moment mal, nicht so schnell, davon war doch nie die Rede…"

"Lass mich nur machen, entspann dich", hauchte Mona. Was dann kam, empfand Harry als eine Mischung aus schlechtem Film und Wunschdenken.

Mona machte das nicht zum ersten Mal, wusste er plötzlich, als sie in Sekundenschnelle seine Hose öffnete und sich über ihn hermachte. Und sie wusste sehr genau, was sie zu tun hatte. Ein Blowjob im Auto, ohne dass er das geringste dafür tun musste, das war normalerweise ganz nach Harrys Geschmack. Und Mona hatte rein geschmacklich offensichtlich auch nichts auszusetzen, sie ging so heftig zur Sache, dass Harry schwindlig wurde.

Ihm blieb nichts anders übrig, als in die Eisen zu steigen und rechts ranzufahren, wenn er einen Crash verhindern wollte.

"Moment mal, das ist mir eine Spur zuviel, ich will das nicht…" protestierte er schwach. Mona antwortete nicht, was mit vollem Mund auch schwer gewesen wäre. Und dann war Harry nicht mehr in der Lage, etwas gegen Monas talentierten Angriff auf seine fünfeinhalb Sinne einzuwenden.

7.

"Hallihallo, mein Süßer, wo steckst du eigentlich? Es ist drei Uhr früh, heute ist Feiertag, wir haben massig Zeit für anständige Unanständigkeiten und überhaupt, wo treibst du dich denn rum? Ruf an, wenn du heimkommst, ja? Muah!" Klick.

Na wunderbar, beim Aufwachen konnte sich Harry gleich mit zwei Problemen befassen. Erstens war da die süße Stimme auf dem Anrufbeantworter, die zu Gina gehörte und die völlig zu Recht fragte, warum er sie letzte Nacht versetzt hatte. Zweitens gab es da einen gigantischen Brummschädel, der sich dummerweise zwischen Harrys Schultern befand. Und noch etwas. Tiefer. Schlagartig wurde er richtig wach. Himmel nochmal, diese Überfallnummer im Auto war kein Traum gewesen.

Mona hatte ihn in Real Life, Stereo und Echtzeit vernascht. Mist, dachte er panisch, und jetzt? Wie sollte er das Gina beibringen? Dass diese Mona ihn quasi mit dem Mund vergewaltigt hatte, würde sie ihm nicht abnehmen. Auch wenn es in etwa der Wahrheit entsprach.

Er schleppte sich aus dem Bett in Richtung Küchenschublade, wo die rettenden Brummschädelbeseitiger in der vorteilhaften Großpackung lagen. Kaffee, Kaffee, Kaffee, dachte er matt.

Während er den ersten superstarken Schwarzen mit drei Aspirin und Zucker verdrückte, überlegte er. Dass Mona ihm nachtelefonierte, diese Gefahr bestand kaum. Wie ein liebeskranker Teenager hatte sie gestern nicht gewirkt, sie wusste genau, dass außer diesem sehr flüchtigen Nümmerchen im Auto nichts mehr laufen konnte. Wenigstens hoffte Harry, dass es so war. Bis gestern hätte er auch nicht für möglich gehalten, dass eine wildfremde Frau ihn derart überwältigen könnte. Komische Welt war das. Aber es war entschieden zu früh, um darüber nachzudenken, entschied er und marschierte mit der zweiten Tasse Kaffee wieder ins Bett. Außerdem wartete er auf Max´ Anruf. Endlich, um Schlag 12 klingelte das Telefon.

"Hi, wie isses gelaufen?" fragte er statt einer Begrüßung.

"Selber hi, wie ist *was* gelaufen?" Gina!

"Naja, ich dachte, Max sei dran, und er hatte gestern irgendein wichtiges Date…" Haspelhaspel, dachte Harry ärgerlich. Sonst war er doch auch nicht auf den Mund gefallen?!

"Hat´s dir die Sprache verschlagen? Muss ich kommen, dich glücklich machen?" flachste Gina gutgelaunt.

"Nein nein, mir geht´s prima. Endlich mal wieder eine Ruhepause, du weißt, wie sehr ich das genieße. Glücklich machst du mich auch, wenn du nicht da bist", verteidigte Harry seine Situation und wollte ihr damit jedes Ansinnen nehmen, jetzt bei ihm hereinzuschneien. Sie würde ihm sein schlechtes Gewissen sofort ansehen.
"Hast du zufällig was von Gitta gehört?" fragte Gina in der gleichen launigen Klangfarbe. Max erstarrte. Sie wird doch nicht, nein das konnte doch nicht, bestand tatsächlich die Möglichkeit, dachte er in Zeitraffer. Sicherheitshalber stellte er sich dumm.

"Äh was, welche Gitta denn?" fragte er mit sorgsam verborgener Scheinheiligkeit.

"Ach, ich glaube, die kannst du gar nicht kennen", sagte Gina, zu seiner vollständigen Erleichterung, "ich habe mal von ihr erzählt, ist eine gute Grafikerin, und ich brauche sie just im Moment. Bei ihr läuft blöderweise immer nur die Mailbox. Ich habe ihr draufgesprochen, dass sie sich bei mir melden soll oder zur Not auch eine Nachricht bei dir hinterlassen kann, wenn sie mich partout zu Hause nicht erreicht."

Harry war nicht mehr ganz so erleichtert. So ein dummer Zufall, das konnte Missverständnisse geben, dachte er.

"Ich bin auch kaum da. Das bringt nichts, wenn sie hier anruft." versuchte er, das Problem rasch wieder loszuwerden. "Ist auch wieder war", meinte Gina. "Ich habe sowieso gehört, dass sie im Urlaub ist. Ich sollte mich lieber nach einer Alternative umsehen. Es eilt mal wieder, wie du dir denken kannst. Werbefuzzis. Da muss immer alles gestern fertig sein, nachdem sie es wochenlang auf dem eigenen Schreibtisch haben verschimmeln lassen. Dann steht der Kunde vor der Tür, alles rotiert und die Freelancer dürfen´s wieder ausbaden. Mahlzeit. Aber kein Problem, das kriege ich schon gebacken!" erklärte Gina voller Zuversicht. "Wenn´s dir doch zu langweilig ist, melde dich. Ich liebe dich. Und du kannst Tag und Nacht bei mir aufkreuzen, wenn dir danach ist, Süßer!"

"Danke, Süße", gab Harry zurück, und Gina fragte:
"Schon was von der Plattenfirma gehört, wie deine Produktion ankam? Sie finden sie bestimmt göttlich…"
Harry lachte verlegen, und Gina setzte noch einen drauf.
"Du bist halt ein Genie. Mach´s gut, Küsschen", schnalzte sie und Harry hörte das Aufleggeräusch von Ginas Telefonhörer.

Das war seine Gina. Harry war an ihre liebreizende Art zwar gewöhnt, aber im Kontrast zu den Weibern, mit denen er im Zusammenhang mit Max´ Dates gerade zu tun hatte – da lagen Welten dazwischen. Ach was, Planetensysteme.

Harry schaltete lustlos das Fernsehgerät an. Plop. Mittagsmagazin. Zap. N-TV Nachrichten. Zap. Takatakakatataschtschtschhh. VIVA. Zap. Trafen sich die beiden Parteivorsitzenden der Fraktionen…Zap. La la la wie ein warmer Sommerregen auf meiner Haut la la la…Zap. Fernseher wieder aus. Nein, das war es nicht, was er jetzt haben konnte. Was er extrem dringend wissen wollte in diesem Augenblick war: Was hat Max letzten Freitag mit Meret noch erlebt. Als Drahtzieher der Geschichte hatte er ein Anrecht auf einen Informationsupdate, fand er. Wieso rief Max nicht von sich aus an. Wann wird dieser Mann endlich mal aktiv, nörgelte er in Gedanken.

Das war ungerecht, aber subjektiv betrachtet die schlichte Wahrheit. Andererseits, wo war das Problem, ihn schnell mal anzurufen. Max konnte schließlich nichts von Harrys Erwartungen wissen. Vielleicht hatte er ja auch ein Dreitagesexmarathon mit Meret hinter sich und Schwierigkeiten mit dem Wiedereintritt in die Realität?

Hormonellen Ausgleich wünschte ihm Harry allemal. Er griff zum Hörer und wählte Max´ Nummer. Es piepte dreimal, als Max dran ging.

"Hier ist Max Freitag, was kann ich für Sie tun?" meldete sich Max.

"Ich bin´s", grüßte Harry, "und kann´s nicht mehr abwarten zu erfahren, wie es mit Meret gelaufen ist, Alter."

"Nicht übel", gab Max knapp zur Antwort, dann schwieg er.

"Und was heißt das in der Cinemascopefassung?" verlangte Harry nach einer gebührenden Pause.

"Na ja, nicht übel eben", wiederholte Max, "wir hatten eine Nacht zusammen. Ich habe sie am nächsten Morgen heimgefahren, das war´s dann."

"Wie, das war´s dann. Was äh, ja also wie war´s denn jetzt genau?" bohrte Harry nach.

"Hey, es war nicht schlecht mit ihr. Wenn auch, na ja, ich meine, irgendwie ist es hinter meinen Erwartungen zurück geblieben. Wir sind in einem dieser Hotelzimmer in der alten Mühle gelandet. Ich war gar nicht mehr ganz bei Sinnen, so verdreht hatte die mich. Dann gab´s noch mehr Champagner. Ich glaube, ich hätte weniger davon trinken sollen. Tja und dann ging´s eigentlich recht schnell, wenn ich mich richtig erinnere. Zack, lagen wir verschlungen im Bett, schwupps waren die Kleider weg und da waren wir auch schon mittendrin im Gefecht…"

"Und worüber beschwerst du dich jetzt?" wollte Harry wissen.

"Sie hat einen Höllenlärm veranstaltet, war kaum zu bändigen. Weniger Sex als Hochleistungssport, sag´ ich dir. Und ich hatte zwischendurch das ungute Gefühl, der ganze Laden bekommt das mit. Dann war´s auch schon vorbei. Lief ab wie ein Film das alles. Na ja, irgendwas hat da gefehlt…" Harry stöhnte dramatisch.

"Du lieber Himmel, das klingt nach einer extrem heißen Nummer, und dir fehlt was? Max, geht´s dir noch gut?" Akustisches Augenrollen.

"Ok, der Sex mit ihr, meine Güte, das war durchaus eine scharfe Sache, na klar doch. Aber ich glaube, also purer Sex, und das war es ja wohl, ist möglicherweise dann auch nicht gerade mein Fall. Eventuell", erklärte Max.

Harry schüttelte den Kopf. Das war ein one-night-stand erster Güte, so wie sich das für einen Single gehört, und Max war nicht zufrieden. Was sollten das denn für Ansprüche werden, dachte Harry. Kein Wunder, dass der Knabe keine Frau für´s Leben findet, wenn er noch nicht mal mit der für eine Nacht zufrieden ist.

Aber er war sich sicher, dass diese Art Zwangskonfrontation mit der Damenwelt ihn wenigstens ein Stückchen näher zu seiner Traumfrau in spe bringen könnte. Wenn Max jetzt endlich mal damit begann, zu artikulieren, was er denn eigentlich suchte und was er nicht brauchte, dann war das doch wenigstens ein Anfang. Farbe bekennen, Max, befahl Harry und fühlte sich ziemlich edel in der Rolle der selbstlosen Helfers. Hätte er geahnt, was am anderen Ende der Stadt vor sich ging, wäre seine Laune in nullkommanix zusammengefallen.

Während er mit sich und der Welt im Einklang, wie man so schön sagt, nochmal den Zettel mit Telefonnummern vorknöpfte, wechselten Gina und Gitta einen bedeutungsvollen Blick.

"Siehst du?" meinte Gitta wichtig. "Ich wusste es, das Meeting war eine geheime Aktion…"

"Halt mal den Ball flach", meinte Gina gelassen.

"Dass Harry seine schrägen Tage hat, gehört bei uns quasi zur Quartalseinrichtung. Besonders nach einer Technoproduktion. Der Umgang mit Label-Executives, solche Baseballkappe rückwärts Träger, die beinahe halb so alt sind wie er, macht ihn regelmäßig wahnsinnig. Da will er eben seine Ruhe haben."

"Und das rechtfertigt in deinen Augen ein heimliches Meeting zu dritt?" Gina grinste und gegenfragte:

"Sag mal, worüber regst du dich eigentlich auf? Dass er sich heimlich mit dir trifft, oder weil er dich hat abfahren lassen, obwohl du´s drauf angelegt hattest, hm? Geht das an deine weibliche Ehre, ja?" Gitta wurde tatsächlich fast so rot wie ihre Haare.

"Okayokay, ich hätte nicht nein gesagt, damit du´s weißt. Aber ist doch auch egal, fest steht, dass er mich zu einem Treffen eingeladen hat, noch dazu mit seinem Kumpel Max, ohne dir was davon zu sagen. Mehr noch, er tut so, als wüsste er gar nicht, wer ich bin! Gibt dir das nicht zu denken?"

"Doch. Und zwar, dass ich der Sache auf den Grund gehen will. Aber wenn ich ihm jetzt eine Szene mache, dann kommen wir nicht weiter." Sie nagte an ihrem Daumennagel und überlegte.

"Und was hast du vor?" fragte Gitta.

"Ganz einfach", sagte Gina spitzbübisch. "Gar nichts. Schließlich kenne ich ihn." Kurze Pause. "Vielleicht besser, als er sich selbst."

Als Gitta gegangen war, schnappte sich Gina das Telefon und wählte die lange Nummer mit italienischer Vorwahl. Auswendig. Vage Ahnungen brachten überhaupt nichts. Wenn jemand erklären konnte, was hier gespielt wurde, war es Lydia.

8.

Harry grübelte über der Telefonliste, die er aus Ginas Timer abgeschrieben hatte. Gitta war gestrichen, Mona und Meret ebenfalls.

Da gab´s noch eine Rosemarie. Wer war das denn?
Harry versuchte sich krampfhaft zu erinnern, ob Gina diesen Namen irgendwann mal erwähnt hatte. Es fiel ihm beim besten Willen nicht ein. Rosemarie. Rosemarie. Nichts. Harry ging in sein Studio und setzte sich in den großen Lederdrehsessel vor dem Mischpult.

Die unaufdringliche und indirekte Studiobeleuchtung erzeugte in ihm stets ein gewisses Wohlbehagen. Er verbrachte so viele intensive Stunden in diesem Raum und empfand fast so etwas wie eine Art Heimatgefühl darin. Abrahams Schoß hätte er es auch nennen können. Heimisch jedenfalls. Oder heimisch plus, um es noch etwas aufzuwerten.

Er legte eine DAT-Cassette mit alten Demosongs aus der 8-Spur Zeit ein und ließ sich sanft von der Musik berieseln.

"Gar nicht so schlecht, was ich damals gemacht habe", dachte er laut und neigte den Kopf ein wenig. Und plötzlich fiel es ihm wieder ein: Rosy. Nicht Rosemarie. Deshalb ist er nicht gleich darauf gekommen. Rosemarie heißt Rosy, beziehungsweise sie wurde so genannt. Im Freundeskreis jedenfalls. Sozialpädagogik oder sowas ähnliches hatte sie studiert, und war eine frühere Klassenkameradin von Gina.

Gina hatte seit ewigen Zeiten keinen Kontakt mehr mit ihr. Aber ihre Telefonnummer hatte Harry jetzt. Einmal hatte er sie zufällig an der Leitung, ganz am Anfang bei Gina zu Hause. Das waren wohl fast sieben Jahre her jetzt. Eine nette Stimme, daran konnte er sich noch gut erinnern. Harry hatte ein sehr ausgeprägtes Stimmengedächtnis. Berufskrankheit. Er deponierte den Zettel mit den Nummern auf dem Mischpult. Ob der Anschluss noch aktuell ist, fragte er sich. So wie er sie aus den Erzählungen Ginas in Erinnerung hatte, musste sie ein ziemlich patentes Mädchen sein. Ach was, dachte Harry, wer nicht probiert, verliert.

Er nahm das schnurlose Telefon, das neben dem Computer platziert war und tippte die Nummer ein. Nach dem zweiten Klingeln meldete sich eine angenehme Stimme. "Rosemarie Petzold, hallohooo?"

"Hier spricht Harry, der Freund von Gina. Weißt du noch?" fragte Harry vorsichtig.

"Gina Vitucci?" kam als Gegenfrage.
"Ja, sicher, vollkommen richtig", bestätigte Harry, und dann konnte er nichts mehr sagen.

"Na, das ist ja eine Überraschung. Nach all den Jahren. Ich habe lange nichts von ihr, pardon, von euch gehört. Du bist doch noch Ginas Freund, gell? Ach wie toll, ihr seid noch immer zusammen. Ich freue mich so, wenn's noch Leute gibt, für die Partnerschaft was Bedeutendes ist, und die feste dran arbeiten, um sich das zu erhalten. Bei der Scheidungsrate heutzutage. Ist ja nicht immer so leicht, gell?" strömte Harry ein freundlicher akustischer Bandwurm aus dem Hörer entgegen.

"Äh ja, klar", versuchte er kurz unterzubringen. Rosy sprach ungehemmt weiter. Sie hatte einen ziemlich hörbaren hessischen Akzent.

"Ich bin ja leider seit einiger Zeit mal wieder solo, aber macht nix, da muss man durch. Ich fühl mich ganz wohl so im Moment. Die kleinere Wohnung ist mir auch durchaus lieber und kost einiges weniger. Außerdem muss ich mich ja um meine Jugendlichen kümmern, weißte, die von der Sankt Augustin-gruppe in der Beerhofstraße. Sind´n paar harte Brocken dabei, aus einem schwierigen Viertel in Frankfurt. Aber das kriegen wir schon. Tja, die halten mich wirklich ganz schön auf Trab. Und wie ist es bei euch? Was macht Gina?"

Puh. Damit hatte Harry nicht gerade gerechnet. Aber sie klang irgendwie lieb, trotz spontan diagnostizierter Schnatterhaftigkeit. Noch hätte er einen Rückzieher machen können. Hätte.

"Gina geht´s blendend, mir auch übrigens. Das ist toll, das mit deiner Jugendgruppe. Irgendwie…" probierte es Harry mit einer neuen Art Konversationsleichtbauvariante. Er wollte die Kurve zu Max kriegen.

"Ich habe da einen Problemfall mit meinem besten Freund", trat er die Flucht nach vorn an und hoffte damit Rosys Nerv zu treffen, "und da dachte ich spontan an dich. Irgendwie…" echote er ein bisschen flunkernd. "Max ist ein total symphatischer Mensch, der gerade am Vereinsamen ist. Wohnt auch in Frankfurt, und daher dachte ich…"

"Ja klar, sicher, vollkommen in Ordnung", unterbrach ihn Rosy. "Das ist das Beste, was du tun konntest, Harry. Hey, ich finde es klasse, dass du dich für deinen Freund einsetzt. Hach, Gina ist zu beneiden."

"Nun ja", sprach Harry weiter, "ich dachte, wir treffen uns einfach und vielleicht findet ihr euch symphatisch, Max und du. Ich meine, da wäre ja euch beiden gedient, gewissermaßen. Also ich will da keinesfalls den leisesten Anschein eines Kupplers, du verstehst das doch richtig?"

"Nee nee, ist doch voll Okeeeh", attestierte Rosy. "Ich freu mich riesig, euch zu sehen, besonders Gina und natürlich den Max. Was ist das denn für einer?"

"Max ist ein äußerst begabter und erfolgreicher Künstler", erklärte Harry, wobei er elegant die Tatsache verschwieg, dass Gina nicht mit von der Partie sein würde. "Sieht prima aus und ist sehr sehr nett. Etwas über dreißig."

"Och klasse", sagte Rosy begeistert, "das hört sich ja voll super an. Wir könnten uns doch heute abend gleich im Loft treffen, ich jedenfalls hab nichts vor bis jetzt. Da gibt´s vegetarische Küche, die haben super Säfte. Ein Laden, der nicht so mit Musik zumüllt, da kann man besser erzählen. Oder geht das bei euch nicht? Dann könnten wir auch morgen…"

"Dochdochdoch", unterbrach Harry, "das ginge schon klar. Im Gegenteil, ich find´s prima, wenn du da so spontan…"

"Nee, sicher doch, ist eine echt gute Idee", hakte Rosy schon wieder ein, "kann ich gut gebrauchen, diese Abwechslung. Machst du nicht was mit Musik oder so?"

"Ja genau. Max und ich sind gewissermaßen Kollegen. Geht ganz gut voran. Tja, dann holen wir dich einfach zu Hause ab, sagen wir 21 Uhr? Und fahren dann direkt dorthin, du kannst uns den Weg dann beim Fahren zeigen, ja?" sagte Harry und wollte das Ganze ein wenig abkürzen. Sie war schon eine ganz schöne Sabbeltante.

"Oh ja, ich freu mich schon. Ich wohne jetzt in der Bismarck-straße 38, ganz oben unter´m Dach. Bis dahin dann. Und Gruß an Max und Gina. Tschüss Harry", rief sie ihm noch in den Hörer, vielleicht eine Puperze zu laut.

Ooops. Das war, ähm, interessant. "Ob das eine gute Idee war?" überlegte Harry laut. "Was soll´s, sie scheint ein netter Kerl zu sein. Nicht gerade wortkarg, dafür ganz offensichtlich mit einem großen Herz ausgestattet. Na dann los, Max anrufen."

Harry stoppte den DAT Recorder, der die ganze Zeit leise Musik von sich gegeben hatte, schaltete per Zentralschalter die Studioelektronik im Regieraum aus und lief zielstrebig zum Kühlschrank. Er musste dringend was trinken. Sein Hals fühlte sich an wie ausgetrocknet.

Harry nahm den Hörer in die Hand. Mal wieder. "Interessantes Hobby habe ich da", muffelte er. Mal wieder. Menschen zusammenbringen ist nichts Falsches, beruhigte er sich gleich und begann Max´ Nummer zu wählen. Wieso benutze ich eigentlich nie den Kurzwahlspeicher, fragte er sich, während er die lange Zahlenkombination auswendig eintippte.

Sein Handeln gab die Antwort von selbst. Immerwiederkehrende Telefonnummern fanden gemütlich Platz in Harrys geräumigem Langzeitgedächtnis. Es bereitete ihm sogar ein klein wenig Vergnügen, diese Nummern mit einer gewissen Rhythmik abzurufen. So ähnlich, wie es bei den Nulleinsneunnull Nummern in den Werbespots nach Mitternacht gesungen wird.

"Freitag", kalenderte es ihm aus der Leitung entgegen.
"Quatsch, Dienstag und Feiertag", flachste Harry.

"Blödmann", reagierte Max gelangweilt. Diesen dämlichen Running Gag fand er schon seit Jahren völlig unnötig und nebenbei gar nicht komisch. Harry konnte trotzdem nicht davon lassen und zog Max auf diese Art immer wieder auf. Am besten unvermutet und in langen Zeitabständen.

"Good news, mein Lieber", bügelte Harry das Gespräch, das noch gar nicht richtig begonnen hatte, "wenn du nichts dagegen hast, machst du heute die Bekanntschaft mit einer echt lieben Frau. Keine Bange, weder ein Sexmonster noch eine arrogante Zicke. Völlig unverkrampft und in erster Linie an dir als Mensch interessiert…"

"Amen", unterbrach Max mit Grabesstimme.

"Nee, echt. Keinerlei vorzeitige Hintergedanken, davon habe ich mich diesmal persönlich überzeugt. Sie ist auch Single und möchte dich, ganz simpel gesagt, einfach nur kennenlernen. Na, wie wär´s heute abend?"

"Also: Einerseits gerne. Jemanden kennenlernen ist ja erstmal kein Fehler. Andererseits möchte ich unnötigen Emotionalstress künftig vermeiden. Bevor ich jetzt zusage, sollte ich ein paar Fakten kennen", erklärte Max. Hey klasse, dachte Harry, endlich fängt er an zu sieben!

"Sie ist eine ganz ganz Liebe, arbeitet in einem Sozialberuf. Hat eine längere Beziehung hinter sich und wohnt jetzt alleine. Auch in Frankfurt. Ist gar nicht besonders weit weg von deiner Wohnung. Vergräbt sich in ihrer Arbeit als Ablenkung. Ist ziemlich, äh, kommunikativ und erwartet bei Männern scheinbar keine Alleinunterhalter…"

"Heißt im Klartext, sie macht selbst die Show, ist es das? Nein danke, an einer Entertainerin bin ich nicht interessiert…"

"Wart´s doch ab. So penetrant ist sie nun auch nicht. Redet halt gerne. Ist doch besser als die kühle Schnecke, die man erst defrosten muss, oder? Rosy ist Vegetarierin und mag Musik, wenn sie nicht zu laut ist. Klingt doch ganz interessant, mmh?" berichtete Harry und wartete auf Max´ Statement.

Der schien ausführlich nachzudenken, denn auf der anderen Seite der Leitung war Funkstille. Harry wartete weiter. Nach beinahe zwei Minuten, die sich gebührenmäßig und auch mangels Unterhaltungswert unangenehm bei Harry bemerkbar machten, fragte er ungeduldig:

"Äh, hallo, bist du gestorben, ohne mir Bescheid zu sagen?"
"Ruhe, du hörst doch, dass ich denke", grummelte er. Dann, nach einer weiteren Pause, "Ist okay glaube ich. Das Treffen mit Rosy meine ich…"

"Was sonst, ich denke, davon reden wir die ganze Zeit!" warf Harry ein. Max machte es wirklich spannend.

"Klingt eigentlich ganz manierlich", entschied Max und Harry entspannte sich zufrieden. Sah das nicht nach einem Treffer aus?

"Fein, dann komme ich so zwischen acht und halbneun zu dir, bringe die Videokopie samt Original mit, und wir holen dann Rosy ab. Bis dann", sagte er und legte schnell auf, bevor Max es sich möglicherweise doch noch anders überlegte.

Diesmal konnte das Knurren nicht aus dem Telefon kommen. Harry Magen beschwerte sich nachdrücklich über Aspirin und Kaffee ohne Beilagen. Bis heute abend konnte er nicht warten. Auf dem Weg zum Kühlschrank fiel ihm wieder Gina ein. Schuldgefühl kann fies sein. Besonders, wenn es begründet ist, dachte er beklommen. Dann schüttelte er den Gedanken ab. Später, irgendwann würde er Gina alles beichten. Aber nicht jetzt.

9.

"Was für eine Scheißstadt", stänkerte Harry aus dem offenen Autofenster. "Ihr könnt mich mal mit euren nichtvorhandenen Parkplätzen!" blaffte er.

Einige Passanten drehten sich belustigt nach der Herkunft der Verbalemmission um. Dabei hatte Harry komplett Unrecht. Parkplätze gab es in Hülle und Fülle. Nur frei war keiner. Noch nicht mal im Halteverbot. Auch nicht in den verschiedenen Ladezonen, Sperrflächen oder sonstwelchen halbwegs befahrbaren Stellen. Sogar sämtliche Einfahrten waren zugeparkt. Oft zwei längs und noch einer quer davor. Wovor wichtigtuerische Schildertafeln eindringlich warnten.

Die Hinweise waren unmissverständlich: Falschparker werden sofort und auf Kosten des Halters abgeschleppt. So so. Blech an Blech standen die Autos, manchmal kaum eine handbreit Platz dazwischen zum Einsteigen. Harry entschloss sich für die Todsünde schlechthin, die man als Autofahrer in einer verkehrsberuhigten Zone in Frankfurt begehen konnte. Nein, nicht etwa parken, sondern anhalten mit laufendem Motor, aussteigen und zur Türklingel sausen, auf den Klingelknopf hauen, Reaktion abwarten, Bin da komm runter! rufen und wieder zurück ins Auto. Wie üblich, wenn er Max abholte.

Dauerte in der Regel knappe neunzehn Sekunden. Wenn man einen ordentlichen Schritt am Leib hatte. Genug jedenfalls, um im Falle ungeduldiger Verkehrsteilnehmer, denen man die Weiterfahrt versperrt hatte, mit wild gestikulierenden, in verschiedene Himmelsrichtungen deutenden Armen und

Händen plus zusätzlichem Breitlächeln per internationaler Zeichensprache zu beruhigen. Dann eine Runde um den Block fahren und beim zweiten Eintreffen vor der Haustür den Abzuholenden mit einem gespielten wohllaunigen "Ging ja flott" einzusammeln. Großstadtdschungel nannten das im neuen Jahrtausend die einen. Ultimative Nervenprobe die anderen.

Max kam im Laufschritt auf das Auto zu, bevor die Situation brenzlig werden konnte, und die beiden fuhren los.

Rosy wohnte in einer ähnlich chaotischen Gegend. Aber Max kannte sich prima aus in Frankfurts Einbahnstraßennetz des betreffenden Wohnviertels, so dass sie um 20.59 Uhr direkt vor Rosys Haus standen.

Harry stieg aus und wollte gerade Richtung Haustür laufen, da öffnete sich diese. Heraus kam eine über das ganze hübsche Gesicht strahlende junge Frau.

"Du bist Harry", sagte sie überzeugt, duckte sich ein wenig, um im Auto nach Max Ausschau zu halten und rief sogleich: "Hei Max!"

Das war also Rosy. Rosemarie wäre auch zu förmlich gewesen angesichts ihrer nach außen getragenen Ungezwungenheit. Höchstens einssechzig groß mit puscheligem dunkelbraunen Lockenkopf. Dazu riesige dunkle Knopfaugen. Und bekleidet mit wallenden Gewändern, die völlig offen lassen, wie es figurmäßig drunter ausschaut. Ihre Erscheinung erinnerte ein wenig an Momo, nur halt kein Kind mehr.

Was für ein Kuschelchen, dachte Harry, und fand sie vom Fleck weg süß. Max lächelte brav aus dem Auto zurück, während Harry ihr zum Einsteigen die rechte Hintertür seiner DS aufhielt. Sie ließ sich vehement in den weichen Sitz plumpsen und verströmte unmittelbar eine angenehme, wenn auch sehr intensive Geruchswolke. Amber.

So stark, dass Max´ Rasierwasser, von ihm stets etwas zu reichlich verwendet bei Dates dieser Emotionalbrisanz, in Mikrosekundenschnelle überduftet wurde. Harry ließ das Fenster auf der Fahrerseite einen Riesenspalt geöffnet. Er mochte Düfte aller Art, aber diese Penetranz war zuviel. In diesem Punkt passten die beiden schon mal hervorragend zusammen.

"So hallo auch, ich bin die Rosy", sprudelte sie los und zog sich mit beiden Händen am Rückenlehnenpolster des Beifahrersitzes so weit vor, dass sie fast Wange an Wange mit Max aus dem Wagen schauen konnte. Max rutschte unbewusst mit dem Oberkörper ein wenig nach rechts, drehte sich leicht nach links und sagte etwas förmlich:

"Hallo, mein Name ist Max Freitag. Schön dass wir uns kennenlernen."
"Du bist Künstler oder Musiker oder wie war das? Interessiert mich, was machst du genau?" begann Rosy sofort.

"Mmmh", kam es von Max ziemlich langgezogen, "wenn du Lust hast, kann ich dir gelegentlich ja mal was zeigen. Videos momentan in erster Linie. Welche, die bei multimedialen Veranstaltungen Teil einer umfangreicheren Performance sind. Da gibt´s gewöhnlich noch Installationen, großformatige Bilder, Fotocollagen und wasweißichalles." Max drehte den Kopf wieder in Fahrtrichtung.

"Och klasse", kickste ihm Rosy begeistert direkt ins Ohr. Ihre symphatische Fröhlichkeit war ansteckend und Harry und Max mussten beide grinsen.

"Würde ich mir liebend gerne mal ansehen, ich stehe auf sowas total", ergänzte sie und es klang tatsächlich nach ernsthaftem Interesse.

"Wir hatten unseren Problemjugendlichen ja auch mal Zugang zum offenen Kanal verschafft und die haben ganz goldige Geschichtchen zusammen gedreht. Ich finde es wundervoll, wenn Menschen sich kreativ ausdrücken können und wenn man ihnen die Gelegenheit dazu gibt, nicht wahr. Da steckt so manches in den jungen Kerlen, das sieht man denen gar nicht auf den ersten Blick an, so wie die heutzutage rumlaufen mit ihren Rapperklamotten und Piercing überall, nicht wahr. Ist doch besser, als wenn sie auf der Straße abhängen und auf dumme Ideen kommen. Was glaubt ihr, wieviele Alkoholiker es unter den Vätern gibt, wenn sich überhaupt welche blicken lassen. Und prügeln tun die die auch nicht selten..."

Salbadersalbader, stand deutlich in Max´ Gesicht geschrieben. Harry grinste noch immer. Er fand Rosy spitze. Sie war genau die Richtige, um Max aus seiner selbstgewählten Reserve zu locken. Notfalls mit Gewalt. Super.

"Hier geht´s links ab, dann die erste rechts, und dort siehst du schon das Loft-Leuchtzeichen", dirigierte Rosy. Ein süßes Lokal, fand Harry, leider exklusive Parkplatz. Wie könnte es anders sein. Parkplätze waren hier bestimmt mehr als nur Autoabstellflächen. Sie entschieden über Heiratsanträge und Ehekrisen, Termine und geplatzte Termine, Versöhnungen und Kräche, Hypoglykämie und volle Mägen. Je nachdem, wer wie lange suchte und deshalb wen mit wem wie lange alleine ließ.

"Ich lass euch aussteigen und mach mich auf die Suche nach einem Parkplatz", sagte Harry. Max kletterte kommentarlos aus dem Wagen. Bevor er Rosy formvollendet die Tür öffnen konnte, hüpfte sie auch schon auf den Bürgersteig.

"Prima, lass uns schon mal reingehen, bis gleich, Harry!" herzte sie, hakte sich bei Max unter, steckte ihre Hand in seine Manteltasche und führte ihn zum Eingang.

"Ich war öfter mit meinem Ex hier…", begann sie beim Mantel und Jacke ablegen wieder einen längeren Redeschwall. Max registrierte anerkennend die tadellose Figur unter dem flatternden Outfit. "…aber dann hat das angefangen, dass er sich so blöd aufgeführt hat…"

"Wie blöd?" fragte Max anständig. Er hatte gar nicht bemerkt, dass er mit seinen Gedanken nicht mehr bei ihrem Bandwurmsatz geblieben war.

"Ich hatte ihm ja sein halbes Studium finanziert. Medizinische Fakultät, auch die Miete für unsere Wohnung. Von seinen Eltern kam nichts. Funkstille, nachdem er vorher Jura abgebrochen hat. Sie wollten partout einen Juristen aus ihm machen, aber das war doch nichts für den. Psychologie war seine Leidenschaft, allerdings hat er´s mit den Klausuren nicht auf die Reihe gekriegt. Fast hätten sie ihn exmatrikuliert…"

"Und was ist passiert?" schaffte es Max einzustreuen. Donnerwetter, die hat vielleicht ein Tempo, dachte er matt. Trotzdem war es irgendwie angenehm, sich so beplätschern zu lassen, anstatt ständig Löcher in den Bauch gefragt zu werden. Er stellte überrascht fest, dass er sich wohl fühlte. Eine nette kuschlige Fremde quatschte ihn zu, aber er fühlte sich wohl. Gute Ausstrahlung, konstatierte er stumm. Das musste es sein.

"Aber ich habe mich bei seinem Prof eingeschaltet und dann haben sie´s nochmal durchgehen lassen. Tja, und dann hat mich der Typ doch glatt betrogen, mit so einer langhaarigen Blondine. Zufällig habe ich dann mal einen Zettel von ihr zwischen seinen Unterlagen gefunden, der Chaot hat ja nie Ordnung gehalten…"

Betrogen, auwei, dachte Max. Jetzt war sie also beim ernsten Teil ihrer jüngsten Lebensgeschichte angelangt. Mann, dachte Max, das ist ein neuer Rekord. Maximum wpm. Words per minute. Wieviel brachte sie wohl unter? Und wo blieb Harry? Vier Ohren nahmen schließlich mehr Schall weg als zwei.

Zwei Sekunden später schlenderte Harry grinsend näher, und Rosy wechselte das Thema.

"Na, Parkplatz gekriegt?" Als Harry nickte, fuhr sie fort: "Es war übrigens eine Superidee, mich anzurufen. Max ist ja völlig nett. Wir sehen uns hinterher bei ihm noch ein paar seiner Sachen an, ich bin ja sooo gespannt!" Sie blinzelte ihm frivol zu und lachte. Regelmäßige weiße kleine Zähnchen, stellte Max bewundernd fest.

Seine Sachen ansehen, so so, dachte Harry.
"Na klar", hakte er ein, "das wird spannend, Max hat wirklich einiges zu bieten! Auf meine Gegenwart werdet ihr allerdings verzichten müssen. Ich muss heute abend noch in mein Emailkörbchen sehen, da sind ein paar eilige Sachen aus Japan und USA dabei", erklärte sicherheitshalber jetzt schon seinen frühen und dramaturgisch passenden Abgang.

"Central Records?" erkundigte sich Max.

"Ja, wäre von Bedeutung für meine nächsten drei Arbeitswochen. Habe ja genug gefaulenzt die letzten Tage", sagte Harry und gab der Bedienung hinter dem Tresen optisch Zeichen für ein großes Glas Cola. Handflächen parallel im Abstand von etwa zwanzig Zentimeter und in Brusthöhe gehalten, dazu mit dem Mund erst ein großes O gefolgt von einem A geformt. Ob mit Eis oder ohne war ihm im Moment egal. Er brauchte es als Wachhaltemittel.

Unterdessen spann Rosy den langen Erzählfaden weiter.
"Auf dem Zettel stand also was von heißen Küssen und langen romantischen Nächten und da ging mir ein ganzer Kronleuchter auf. Hab mir ein Herz gefasst und ihn zur Rede gestellt. Erst hat er nix wahrhaben wollen. Aber als ich ihm den Zettel von der blöden Kuh unter die Nase gehalten habe, gab er endlich alles zu. Geheult hat er wie ein Schlosshund, obwohl das ja wohl eher mir zugestanden hätte…"

Harry sah belustigt zwischen dem interessiert lauschenden Max und der erzählfreudigen Rosy hin und her. Langweilig würde das schon mal nicht, soviel stand fest.

"Und gebettelt, ich solle ihn doch verstehen, und es sei ja gar nichts groß gelaufen. Geglaubt habe ich ihm kein Wort und dann auch kurzerhand aus der Wohnung geschmissen. Das könne ich doch nicht machen, rief er im Treppenhaus und ich brüllte zurück, doch, kann ich wohl. Drei Tage später stand er auf der Matte, treudoofen Blick aufgesetzt und ob er mit mir reden könne. Ist nix mehr mit reden, habe ich ihm gesagt, die Tür wieder zugemacht. Und zum Monatsende bin ich dann auch ausgezogen in meine hübsche kleine Singlewohnung, wo es mir jetzt so supergut gefällt."

Auweia, dachte Harry, ob sein Feldversuch mit Max jetzt so das Richtige für Rosy war, angesichts dieser jüngsten Schreckenserlebnisse?

Max guckte auch schon ganz betrubst. "Aber was soll's", sagte Rosy, "eigentlich bin ich ganz froh ihn los zu sein. Bei Licht betrachtet war der nicht gerade mein Mann für´s Leben und für eine Liaison schlichtweg zu teuer und nervig. Jetzt lebe ich das Leben und lasse einfach alles auf mich zukommen."

Das war Musik in Harrys Ohren. Auch Max blickte Rosy sichtlich erleichtert an. "Ich bin ja noch jung", ergänzte sie, "weiß ich, was mir sonst noch alles entgangen wäre." Und lächelte Max vielsagend an.

Yeah. Ein Lächeln, das auch Harry höchst zufrieden registrierte. Endlich klappt´s, dachte er und ließ seinen Blick entspannt durch das Lokal schweifen, um Rosy nicht die ganze Zeit anzustarren. Im nächsten Moment wünschte Harry, der Dielenboden unter ihm möge ihn verschlucken. Oder wenigstens ein kleines Erdbeben die Aufmerksamkeit von ihm ablenken. In der Tür stand eine langbeinige Blondine, aufregend schön und aufregend angezogen. Lulu, dachte Harry entsetzt.

Eine Flut von wohlweislich verdrängten, aber nicht weniger aufregenden Bildern purzelte aus seinem Langzeitgedächtnis in die Gegenwart und machte sich breit. Lulu im knappen Bikini am Strand von Malibu. Lulu ohne Bikini. Lulus Gesicht nur wenige Zentimeter entfernt auf dem Kopfkissen. Lulu nassgeschwitzt und halb nackt in der Garderobe der Festhalle. Lulu, die sich auffordernd gegen ihn presste, Gina, die plötzlich dazukam und eine Erklärung verlangte.

Weia, dachte Harry. Er hatte Lulu gründlich und flächendekkend zu vergessen versucht. Natürlich umsonst. Lulu. Kein Seitensprung, auch keine normale Beziehung. Eine völlig wahnsinnige Affaire mit völlig wahnsinnigem Sex. Und mit dem kleinen Schönheitsfehler, dass sie stattfand, während er schon mit Gina zusammen war.

Den Stress damals würde er sein Leben lang nicht vergessen. Es hatte lange gedauert, bis Gina ihm wieder vertraut hatte. Und noch länger, bis er Lulu endgültig losgeworden war.

Als er Schluss machen wollte, lieferte sie ihm eine Szene mit allen Schikanen. Tellerwerfen, Fluchen und Schreien, Ohrfeigen, schließlich Harrys Kapitulation und die feurige Versöhnung auf dem Küchentisch. An die blauen Flecken, die Lulu auf dem Rücken davontrug, hatte Harry damals nicht gedacht. Gina dafür umso länger. Denn Lulu hatte sich in den Kopf gesetzt, Gina davon zu überzeugen, dass Harry ihr niemals treu sein würde. Dazu gehörte, ihr einen Tag nach der "Aussprache" ihren lädierten Rücken zu präsentieren inklusive Schilderung der Nummer auf dem Tisch, natürlich in den glühendsten Farben.

Lulu. Heftiger als Tequila Gold, hartnäckiger als jeder Schnupfen. Man wurde einfach nicht immun gegen sie. Die einzige Frau, bei der Harry sich jemals so vollständig von seinem Hirn verabschiedet und den kleinen Harry die Regie führen ließ. Was für eine Frau, dachte er.

Der kleine Dicke neben ihr war zweifellos nur die sprechende Tischdeko für diesen Abend, Lulu hatte keine Begleitung dieser Klasse nötig. Zuletzt war sie mit diesem Schauspieler aus

Baywatch gesehen worden. Harry hatte seinen Namen vergessen. Ein riesengroßer bodygebuildeter Hübschling mit weißen Zähnen. Unwichtig.

Wenn sie ihn hier entdeckte, saß er in der Klemme. Sie würde nicht eher Ruhe geben, bis er wieder in ihrem Bett gelandet war. Und Harry wusste, dass sie es auch diesmal schaffen würde. Der kleine Harry war ja jetzt schon völlig bei der Sache.

Max war zu beschäftigt, um die Veränderung auf Harrys Gesicht zu registrieren, geschweige denn, sich umzudrehen und Lulu zu sehen. Egal, dachte Harry, time to leave.

"Ich glaube, ich muss mir mein Cola selbst holen", sagte er und wunderte sich, wie normal seine Stimme klang. Er stand auf, ging schnurstracks zum Tresen und setzte sich dort auf einen Barhocker, der im dunkelsten Teil der Bar stand. Als er wenig später endlich sein Glas hingestellt bekam, nahm er einen kräftigen Schluck. Die Aufregung und die trockene Luft machten durstig.

"Sollen wir was essen?" erkundigte sich Max bei Rosy.

"Nicht unbedingt, mir schadet fasten nicht", entgegnete sie, griff nach Max Händen und legte sich diese um ihre Hüften. "Oder?" fragte sie mit großen Augen nach. "Och, ist eigentlich ganz okay", stellte Max sachkundig fest und freute sich, sie zum erstenmal angefasst zu haben. Fühlte sich gut an. Sehr weiblich.

"Danke, der Herr", meinte sie übertrieben sachlich, knuffte ihn in die Seite und pflanzte ihm einen Kuss auf die Wange.

In diesem Moment drehte sich Harry zu den beiden um. Wohoo, hab´ ich was versäumt, dachte er erstaunt, das geht ja fix. Wunderbar. Dann war wenigstens diesmal das Date ein Erfolg. Max schien auch einen Weg gefunden zu haben, wie er Rosys Redseligkeit handeln konnte. Denn kurz darauf verstummte sie widerspruchslos und lauschte, während Max etwas erzählte. Eine längere gefühlvolle Geschichte, kombinierte Harry.

Jedenfalls schaute sie andächtig zu, wie Max mit Händen und Füßen lautmalerisch hin und her fuchtelte und dazu auf sie einredete. Ihr schien es zu gefallen und ihm offenbar auch. Mission erfüllt, resümierte Harry. Lulu war wohl in einem der Separées verschwunden, er konnte sie zumindest nirgends mehr entdekken. Um so besser. Er nahm noch einen Schluck aus seinem Glas, stand auf und ging zu den beiden zurück.

"Kinder, ich muss jetzt wirklich heim."
"Na klar!" riefen beide fast im Chor.
"Jetzt gleich?" fragte Max.
"Nein, sofort", sagte Harry, worauf sich Max und Rosy umgehend erhoben.

Sie verließen das Lokal und liefen gemeinsam zum Auto. Diesmal wortlos, was Harry schon wieder fast ein wenig unheimlich vorkam. Was hatte Max mit Rosy gemacht? Valium? Hypnose? K.o.-Tropfen? Heftpflaster?

"Na sowas, ist die Welt nicht klein." Eine Frauenstimme, kalt, berechnend klingend, mit wohldosierter Erotik. Harry spürte, wie diese Worte wie eine kalte klebrige Flüssigkeit seinen Rücken hinunterrannen. Lulu! Von irgendwoher, ohne den kleinen Dicken, war sie gekommen und stand nun direkt im Weg. Das musste ja passieren, dachte Harry. Doch bevor er antworten konnte, jauchzte Rosy ein glockenhelles "Lulu!!!" und warf eben jener Frau die Arme um den Hals. Ein ungleicheres Paar gab es wohl in der ganzen Stadt nicht, dachte Harry. Max lächelte selig, ihm war egal, wen Rosy da lautstark herzte. Es hätte auch der Präsident der Vereinigten Staaten sein können.

Lulu tätschelte Rosy die Schulter, ließ sie wieder los und sah Harry an. "Meine Liebe, es ist ja toll, dich zu sehen, geht es dir so gut wie du aussiehst?" Rosy antwortete:

"Besser, viel besser. In solcher Gesellschaft. Darf ich vorstellen: Max Freitag, und das hier ist Harry…ich hab leider deinen Nachnamen vergessen, tschuldige bitte!" meinte sie süß lächelnd. Harry schüttelte den Kopf. "Glasmann, macht nichts."

Nach Max reichte auch er Lulu förmlich die Hand. Ihre Haut schien in seiner Hand zu prickeln, genau wie diese komischen roten Brausekügelchen, die im Mund explodieren. Lulu sah ihm tief in die Augen. Ihre Geringschätzung und ihre offene Provokation bildeten eine üble Mischung.

"Schön, dich kennenzulernen, Harry. Wo wollt ihr denn hin, zu dritt? Habt ihr noch was vor?"
"Also, wir beide wollten eigentlich gleich zu mir nach Hause…" sagte Max nachdrücklich und legte den Arm um Rosy.

"Viel Spaß noch", sagte Lulu. "Und was machen wir beide mit dem angebrochenen Abend?" schob sie nach, Harry mit den Augen eindeutig von oben nach unten musternd. Harry fragte sich, ob man jemanden wegen virtueller Vergewaltigung anzeigen konnte. Was da in Lulus Augen zu sehen war, ging entschieden zu weit. Harry räusperte sich und vermied es, Lulu direkt anzusehen. Viel zu gefährlich.

"Sorry, ich muss auch nach Hause. Wichtiger Termin morgen früh." Lulu machte einen Schritt auf ihn zu, legte ihre Hand an seine Schulter und küsste ihn auf die Wange. Nicht ganz, etwas zu tief, was weder Max noch Rosy bemerkten. Dabei spürte er ihre Zunge, die sich in seinen Mundwinkel bohrte. Himmel, dieses Parfum, dieser Lippenstift. Sofort sah er Malibu, schwarze Spitzenwäsche und lackierte Fußnägel vor sich. Und eine Menge anderer nicht jugendfreier Bilder, die sein kleiner Harry ohne um Erlaubnis zu fragen an das Hirn des großen Harry schickte. Zum Beispiel das, auf dem ihr unglaublich langes blondes Haar auf seinem Bauch lag und seine Hände darin wühlten, während sie…–

Harry zog ruckartig seinen Kopf zurück und murmelte "Ciao."

Mit einem großen Schritt ging er an Lulu vorbei zum Wagen, bevor sie noch etwas sagen konnte. Dabei betete er, dass sie Ginas Telefonnummer verloren hatte. Er konnte sich vorstellen, wie gut es in ihre gehässigen Pläne passte, Gina brühwarm eine neue Geschichte vom um die Häuser ziehenden und Frauen aufreißenden Harry aufzutischen. Wahr oder nicht, es sah nicht gut für ihn aus. Auf den Namen Lulu reagierte Gina völlig zu Recht allergisch.

"Glaube, die stand auf dich", sagte Max leichthin, während sie ins Auto stiegen. "Ach, kann sein, ich aber nicht auf sie", wiegelte Harry ab und hoffte, dass es überzeugend klang. Schließlich hatte er damals die Malibu-Affaire nicht einmal Max gebeichtet.

"Wo darf's zuerst hingehen?" erkundigte sich Harry in Richtung Beifahrersitz. "Zu mir", sagte Max stramm und lächelte zu Rosy, die es sich auf der komfortablen Rückbank gemütlich gemacht hatte. Sie lächelte zurück, was Harry per Innenrückspiegel beobachten konnte.

Vor Max´ Haustür angekommen, stiegen beide aus, riefen noch Tschüss und Komm gut heim. Harry winkte zum Abschied zurück und machte sich auf den Heimweg. Das war die dritte Nacht, in der er nicht rechtzeitig ins Bett kam. Die Rettungaktion Max begann sich bemerkbar zu machen. Harry gähnte herzhaft und gab Gas. Er wollte nur noch schlafen.

Rosys süßer Amberduft klebte noch immer im Auto. Trotzdem roch ihn Harry tausendmal lieber als das provozierende Poison von Lulu.

10.

Mittwoch. Lange bevor Max normalerweise auch nur daran dachte, sein Bett zu verlassen. Draußen signalisierte der Stadtverkehr, die Beleuchtung und die griesgrämigen Menschen vor dem Fenster, dass es höchstens neun Uhr sein konnte. Aber heute war alles anders. Max sprang gutgelaunt aus dem Bett, in dem die linke Seite noch angenehm warm war. Vor einer Viertelstunde war Rosy entschwunden, nicht ohne sich liebevoll und wortreich zu verabschieden. Danke und Tschö, dachte Max und freute sich.

Über die leidenschaftliche vergangene Nacht, über den Sauerstoffgehalt der Luft, über die Tatsache, dass er heute nicht zu arbeiten brauchte. Einfach über alles.

Nach einem Durcheinanderfrühstück von Kaffee, Büchsenfleisch und Marmelade begann er, in der Wohnung aufzuräumen.

Pfeifend und singend schob er sämtliche Stapel im Wohnzimmer in die Mitte des Raumes. Ein instabiler Haufen mit künstlerischem Unterhaltungswert, dachte er belustigt. Dann sah er zu, wie das Ganze in sich zusammenfiel. In Zeitlupe, beinahe filmreif.

Noch nie hatte er es so genossen, Dinge auszusortieren und wegzuschmeißen. Irgendwann war der Berg bis auf zwei ordentliche Häufchen geschrumpft und der blaue Müllsack daneben litt an deutlichem Übergewicht. Zufrieden schob Max das Teil in den Flur. Zurück kam er mit der gefüllten Gießkanne. Die angetrockneten Pflanzen schienen dankbar zu glucksen und mit ihren Ablegern zu wedeln.

Nachdem er auch die Stereoanlage abgewischt, ungefähr fünfzig offen herumliegende CDs in ihren Hüllen und Booklets verstaut, alle Tische geputzt und sogar den Geschirrberg abgetragen und gespült hatte, war es genug.

Gerade rechtzeitig. Es klingelte. Mal wieder. Max wunderte sich, wie das Echo des Telefons in der aufgeräumten Wohnung hallte. Wie lange hatte der Parkettboden nicht so blank dagelegen wie jetzt, dachte er, als er sich neben den Anrufbeantworter stellte und wartete.

"Hier ist der automatische Max. Keiner zu Hause. Oder doch? Egal. Nachrichten, sofern von subjektiver Bedeutung, bitte hinterlassen. Name, Uhrzeit, Planetensystem und gute Begründung für eventuellen Rückruf nicht vergessen. Piiieep." Soweit die andere mächtige Maschine im Zeitalter des Internet.

"Falls du gerade danebenstehst, dann nimm ab, ja? Ich bin´s", erzählte Harry brav auf´s Band, das in diesem Falle ein geräumiger Speicherchip war, "ich wollte mich nur mal…" und wurde vom Abheben des Telefonhörers unterbrochen.

"Na aber sicher bin ich da, mein Lieber!" tönte es ihm verdächtig gutgelaunt entgegen. "Aber dass ich da bin, heißt noch lange nicht, dass ich auch für jeden zu sprechen bin. Schon gar nicht nach soooo einer Nacht!"

"Gähn, wie denn, was denn, was für eine Nacht, interessiert mich doch nicht", flachste Harry, der es vor Spannung kaum noch aushielt.

"He, Rosy ist nicht nur ein Seelchen von Mensch, sondern auch noch unheimlich erotisierend. Mannomann, der Genießer schweigt und so weiter…"

"Also? Dann ist sie diejenige welche, ja?" fragte Harry.

"Eeeeehm…– nein."
"Nein?! Wie, nein?" Harry stöhnte gespielt dramatisch. "Wusste ich doch. Was kommt denn jetzt wieder? Zuviel Amberparfum? Badet sie vielleicht in dem Zeug?"
"Wenn´s nur das wäre. Dagegen könnte man ja was machen. Nee, Rosy ist sehr süß. Aber sie hat einen ausgereiften Sockenschuss. Leider", setzte Max hinzu.

"Wöps?" Harry war perplex.

"Sie hört einfach nicht auf zu reden. Ist ja vielleicht eine Erbkrankheit, was weiß ich. Aber was zuviel ist, ist einfach zu viel", konstatierte Max. "Es gab, außer dass ich zwischendurch mal ein paar Sätze los wurde, definitiv nur eine Situation, wo sie nicht, also wo sie nun mal nicht reden konnte, weil sie da eben anderweitig beschäftigt war", umschrieb Max die delikate Situation. "Glücklicherweise mochte sie diese Alternative durchaus", führte er weiter aus. "Wir hatten, wie gesagt, einen tollen Abend und obendrein eine supertolle Nacht miteinander. Später habe ich ihr auch gleich gesagt, dass sie mich keinesfalls missverstehen soll. Aber da ließ sie mich gar nicht erst ausreden und nahm mir schon vorweg, was ich loswerden wollte. Sie erklärte mir, lang und ausführlich, wie du dir vorstellen kannst, ihr sei nicht an einer großartigen Beziehung mit mir gelegen. Sie wäre ohnehin momentan lieber Single, hätte sich ihr Leben gerade so gemütlich auf´s Alleinsein eingerichtet nach ihrer blöden letzten Beziehung…"

"Lass mich raten – sie möchte nix Festes, will dich aber unbedingt wiedersehen, ganz zwanglos, ja?"

"Bingo", bestätigte Max. "Zitat: Würde mich freuen, wenn wir uns hin und wieder treffen könnten, es ist ja so nett mit mir. Wo ich nicht widersprechen wollte. Rosy ist ja wirklich ein ganz ganz leckeres Zuckerchen, finde ich."

Harry war ordentlich erstaunt, so kannte er seinen Max ja gar nicht. Keine Spur von Maxäh mehr. Der zurückhaltende Skeptiker hatte sich in einen hemmungslosen Genießer verwandelt, praktisch über Nacht. Wowee. Locker und gelöst schien er mit diesem Erlebnis umzugehen.

Früher hätte er sein eigenes, samt in diesem Falle Rosys, Verhalten noch tausendfach hinterfragt und in übersichtliche Teilchen zergegrübelt, statt, wie es sich gehört, souverän draufloszuleben und alles einfach direkt auszusprechen. Und vor allem zu *er*-leben.

"Tja, hättest du dann überhaupt noch Interesse an einer weiteren Begegnung, ich meine, für was Festeres?" fragte Harry ein wenig zögernd.

"Na sicher doch", rief Max überdeutlich, "meine echte Traumfrau war noch nicht so ganz dabei. Ich meine, einen Rosy-ähnlichen Süßstoff, aber zur Abwechslung ohne Dachschaden, you know? Jetzt bin ich so richtig auf den Geschmack gekommen. Was hast du denn noch in deiner Kartei?"

"Eine hätte ich noch…" Max´ frisch erworbene Forschheit kam Harry fast suspekt daher. Hoffentlich bleibt das so, dachte Harry insgeheim. "Muss ich aber erst noch kontakten. Wollte mich ja erstmal bei dir nach dem Stand der Dinge erkundigen. Also: Soll ich?"

"Ja nur zu", bestand Max darauf. "Melde dich einfach wieder, ich bin auf jeden Fall zu Hause, auch wenn die Maschine läuft. Ich bin gerade beim Aufräumen, hab ausgemistet, Blumen gegossen und so."

Sehr nachdenklich nahm Harry den Hörer in die andere Hand. Blumengießen? Ordnung? Max? Zuckerchen? Aufräumen? Das Wort lecker in Zusammenhang mit Frauen? Max´ überschäumende Lebensfreude wurde ja langsam unheimlich!

"Aber sonst geht´s dir gut, ja?" vergewisserte er sich. Max kicherte.
"Und wie. Keine Sorge, das war schon längst mal fällig. By the way, was ich dich schon längst mal fragen wollte: Wo kriegst du eigentlich diese ganzen Superfrauen her? Hast du einen Katalog, den ich nicht habe?"
"Geheimnis", meinte Harry vielsagend, "ich melde mich wieder, ja? See you!" und legte auf. Geheimnis, blöder hätte er sich nicht aus der Affaire ziehen können. Er hoffte inständig, dass Max zu sehr mit seinem neuen Lebensgefühl beschäftigt war, um dieser Frage nachzuspüren.

Wieder dieses dämliche Gefühl, diese Mischung aus fies schlechtem Gewissen und jungenhaftem Draufgängertum. Vielleicht lag es diesmal auch daran, dass Rosy fast zur selben Zeit ein langes, sehr langes Telefonat mit Gina führte.

11.

Harry saß zu Hause in seinem geliebten Studiosessel und drehte sich damit wie ein Vierjähriger, bis ihm fast schwindelig wurde. Erst im Uhrzeigersinn, dann dagegen.

Er überlegte, welche der Damen aus Ginas Adressfundus noch in Frage kommen könnte. Dass es nur noch eine sei, war natürlich die Unwahrheit. Aber er wollte es langsam mal gut sein lassen. Nicht zuletzt wegen der drohenden Gefahr, Gina könnte es spitz kriegen, dass er sich in dieser Sache an ihrem Timer schadlos gehalten hatte.

Aber was hätte er denn sonst machen sollen?

Die Damen aus seinem eigenen Bekanntenkreis waren entweder Verflossene oder Mitarbeiterinnen der Plattenfirmen und Studios, mit denen er regelmäßig zu tun hatten. Und das war's eigentlich auch schon. Jedenfalls waren es sämtlich potentielle Gefahrenherde und auch ansonsten keinesfalls für die Operation Max geeignet.

Er kramte nochmal den Zettel mit den Adressnotizen hervor, der mittlerweile ganz schön knitterig aussah. In Gedanken ging er die verbliebenen Namen nochmals durch und fing diesmal von hinten an. Wilma, Ulrike, Sally, Marion, Hanne, Beatrice, Aisha, Alexandra. Moment, Aisha, die war ihm doch beim ersten Durchblättern damals bereits aufgefallen. Ist ein hübscher Name, dachte er. Wäre nicht uninteressant, wer dahintersteckt, machte er sich selber Mut. Aisha. Leider stand kein Nachname dabei.

"Auf geht´s!" sagte er und fragte sich soeben, ob er sich das laute Denken denn jemals abgewöhnen könne.

Er nahm den Hörer des Studiotelefons und tippte auf die Zahlentaster. Null, sechs, eins, zwo, acht, zwo. Er hielt plötzlich inne und schaltete die Wahlbereitschaftstaste des Telefons wieder aus. Was mache ich hier eigentlich, schoss es ihm in den Kopf.

Ich klingel hier eine nach der anderen Dame durch mit absolut eindeutigen Absichten, das ist doch obszön. Nur dass ich nicht selbst in den Hörer stöhne, sondern eine halb ausgedachte Story auftische, um das Frollein willfährig zu machen. Um dann meinen besten Freund vorzuschicken, sie zu vernaschen. Und sehe zu wie ein dämlicher Spanner. Ob in Gedanken, live oder telefonisch. Saublöde Sache das!

Harry hatte auf einmal erhebliche Zweifel an seiner Aktion. Dazu kam, dass er sich seit Tagen nicht mehr bei Gina gemeldet hatte. Was ungewöhnlich und damit verdächtig wirken musste. Aber was tun? Die Sache abblasen? Nein, das konnte er Max nicht antun. Gina alles erzählen?

Das Gewicht des Telefons schien geradezu anklagend gegen seine Hand zu drücken. Einen Teil des Gewichts machte garantiert die gestrige Begegnung mit Lulu aus. Harry hatte das Gefühl, immer noch ihr Parfum zu riechen. Gina, mein Schatz, komm und rette mich, flehte er in Gedanken. Gina mit ihrem Humor und ihrem brillanten weiblichen Instinkt würde ihn verstehen. Nachdem sie sich gebührend aufgeregt hatte, natürlich.

Aber nicht einmal das konnte Harry abschrecken. Er hatte plötzlich das übermächtige Bedürfnis, sich an Ginas Schulter zu lehnen und die ganze komische Sache zu beichten. Um sie anschließend zu canceln. Automatisch tippte er Ginas

Nummer. Es piepte. Einmal. zweimal. Ginas tiefes Luft-
holen…Klick.

Sein Zeigefinger boxte gegen die Auflege-Taste, bevor Gina
sich meldete. Nein, das wäre zu früh. Immer noch. Der
schwache Moment war vorbei. Harry hatte sein selbstsicheres
Ich-rette-meinen-Freund-und-dazu-ist-alles-erlaubt-Ego
wiedergefunden. Gerade noch rechtzeitig. Und jetzt?

Augen zu und durch, entschied er. Er aktivierte das Telefon
wieder und tippte schnell Aishas Nummer ein, bevor er es sich
wieder anders überlegte. Kurzes digitales Leitungsknurpsen,
dann: Besetzt.

Also gut, dann ist wenigstens jemand da, vermutete er. Fünf
Minuten warten, Wahlwiederholung. In der Zwischenzeit überlegte er nochmals, was er dieser Aisha denn genau sagen wollte.
Tja, die Lüge lag wieder in so greifbarer Nähe. Er holte sich ein
Glas Wasser aus der Küche und setzte sich nachdenklich wieder
in den Regiesessel. Das Glas in der linken, den Telefonhörer in
der rechten Hand saß er da und schaute gegen die Dämmstoff-
verkleidung an der Studiowand. Darüber hing eine Wanduhr im
Bahnhofsstil, der Sekundenzeiger klackte leise taktaktaktak.

Er betätigte den Wahlwiederholungstaster. Leitungszirpen.
Nicht besetzt. Einmal Klingeln, zweimal, dreimal: "Aisha von
Bahlen. Guten Tag?" Nette, freundliche Stimme.

"Hier ist Harry Glasmann. Ich bin Ginas Freund. Ich hoffe,
mein Anruf kommt nicht zu einem ungünstigen Zeitpunkt",
sagte Harry und war von seinen eigenen Worten überrascht.

"Nein, nicht im Geringsten. Nett, auch mal was von dir, darf ich du sagen? zu hören. Wie geht´s Gina?" fragte die nette, freundliche Stimme. "Ihr geht´s gut", sagte Harry. Er biss sich rasch auf die Unterlippe, um nicht in Versuchung zu geraten, "ich soll dich von ihr grüßen" zu sagen.

"Obwohl ich sie einige Tage nicht gesehen habe. Sie ist ziemlich eingespannt zur Zeit. Jobmäßig", berichtete er wahrheitsgemäß. "Nein, es geht auch um was ganz anderes."

"Na, nur zu, ich bin ja schon erwachsen", ermutigte ihn Aisha mit eindeutig zweideutigem Unterton. Normalerweise mochte Harry diese Nuance. Diesmal erschien sie ihm zu anschleimend, um sich darüber zu freuen.

"Ich will ganz ehrlich sein", begann er sachlich. "Es geht um meinen besten Freund, Max Freitag. Vielleicht hat Gina seinen Namen in irgendeinem Zusammenhang mal erwähnt, da wir viel zusammen machen, Arbeit, Privat und so."

"Nein, hat sie nie", unterbrach ihn Aisha. "Aber was habe ich damit zu tun?" Kühl, diagnostizierte Harry. Sehr kühl.

"Nichts direkt", versuchte sich Harry weiterzuschleppen, "ich hoffe sehr, dass das, was ich sage, nicht zu merkwürdig klingt, obwohl es das sicher ist."

"Nicht, dass ich im Bilde wäre, also vielleicht kommst du mal noch mit ein paar Infos rüber…" warf Aisha ein.

"Ja ja, entschuldige", sagte Harry. "Ich habe deinen Namen aus Ginas Adressbuch, irgendwie hat mich dein Name angesprochen oder auch in einer gewissen Weise angezogen, ich weiß es nicht. Jedenfalls brauche ich möglicherweise deine Hilfe."

"Na, das hört sich ja immer mysteriöser an. Jetzt mal endlich raus mit der Sprache", forderte Aisha und ihre Stimme bekam eine leicht ungeduldige, wenn nicht bereits etwas zornige Beimischung. Was alleine angesichts Harrys Stammelei auch kein Wunder war.

"Mein Freund Max braucht eine neue Frau", sagte Harry plötzlich. Meine Güte, dämlicher konnte er es wohl kaum formulieren. "Und ich dachte, vielleicht bist du diejenige welche", plumpste es aus ihm heraus.

"Junge Junge, du siehst dir eindeutig zuviele Filme an. Das ist die dämlichste Anmache, die mir seit Jahren untergekommen ist. Anyway, warum meldet sich der Heiratswillige denn nicht selbst bei mir. Oder bist du sein Partnervermittler?" stieß Aisha hervor. Harry fühlte sich immer kleiner. Es schien ihm fast ein Wunder zu sein, dass sie nicht einfach aufgelegt hatte.

"Oje, ich glaube, jetzt habe ich alles verdorben", seufzte er, "das kommt davon, wenn man einmal die Wahrheit sagt."

Aisha schwieg einen Moment.
"Na na, ich weiß nicht warum, aber irgendwie nehme ich dir das tatsächlich ab. Ich bin bestimmt verrückt. Muss wohl daran liegen, dass du Ginas Freund bist. Und Gina kann nur einen Freund mit ehrbaren Absichten haben. Wie wär´s trotzdem mit einer verständlichen Erklärung, so rein spaßeshalber?" sagte sie, und ihre Stimme klang wieder so freundlich wie zu Anfang.

"Na klar", sagte Harry mit fester Stimme und legte in Kurzfassung die Geschichte dar. Zumindest den Teil, der für Aisha gedacht war.

"Ihr seid mir vielleicht zwei Kanonen", kommentierte sie schließlich. "Was sagt Gina eigentlich zu der ganzen Sache?"

"Das lass mal meine Sorge sein", meinte Harry ein bisschen zu knapp. Klang nach Macho und Heimlichtuer. Diesmal musste es auch Aisha aufgefallen sein, dachte Harry. Egal.

"Na gut, geht mich auch nichts an", meinte sie. "Hör mal, vielleicht kommen wir doch zusammen. Ich denke da an meine liebe Schwester Tara."

Harry missfiel die *liebe Schwester* ein wenig. Außerdem, wer nannte seine Tochter denn Tara? Selbst der größte Gone-with-the-wind-Fan würde so etwas seinem Kind nicht antun. So tauft man allenfalls ein Boot. Komische Familie. Harry wollte trotzdem im Augenblick lieber nichts einwenden, konnte er doch froh sein, dass Aisha ihn überhaupt unterstützen wollte.

"Tara ist wie geschaffen für deinen Max. Nach all deinen Beschreibungen bin ich mir da völlig sicher. Ich könnte die beiden zusammenbringen." Und sie betonte das ich besonders. "Ich habe ohnehin kein diesbezügliches Interesse an Männern. Du solltest nämlich wissen, dass ich eher auf Frauen stehe. Kurz gesagt: Ich bin lesbisch."

Ach, so ist das, rief Harry laut in sich hinein, dass es hallte, und schlug sich mit der Handfläche gegen die Stirn. Kann ja heiter werden. Aisha deutete sein Schweigen als Zustimmung in Sachen Tara.

"Tara wohnt in Frankfurt am Mainufer, Stadtseite. Sie arbeitet dort auch. Als Choreografin. Klassisch allerdings, keine Popsachen. Seit Monaten vergräbt sie sich in ihre Arbeit und kümmert sich nur um ihre Schülerinnen. Ihr täte Abwechslung durchaus mal ganz gut. Ist doch ein gebildeter Bursche, dein Max, oder?" stakkatierte Aisha. Ohne die Antwort abzuwarten, ergänzte sie:

"Lass uns die beiden in die alte Oper schicken, hinterher geht´s rüber zu Schmid´s. Ein ganz edler Laden, in den nicht Jedermann reinkommt. Ich besorge Karten, kostet mich einen Anruf. Sie geben Beethoven, Konzert für Klavier und Orchester in Es-Dur Opus dreiundsiebzig, glaube ich. Bei Schmid´s lasse ich den beiden einen hübschen Tisch reservieren, da können sie sich dann richtig beschnuppern. Weißt du was, ich regle das mal kurz alles und du bringst deinen Max mit diesem prima Abendarrangement gut drauf, mmh? Ruf mich dann einfach in einer Stunde nochmal rasch an wegen der genauen Uhrzeit und dem Treffpunkt für die beiden, ja?"

"Alles klar!" bestätigte Harry und legte behutsam den Hörer in die Schale. Sinnlos. Die letzten Worte würden wohl kaum seekrank werden und aus dem Plastik purzeln. Diesmal ließ sich das blöde Gefühl nicht ignorieren. Harry stand irgendwie neben sich.

Hatte er sich jetzt von Aisha einwickeln lassen? Schließlich fand die Szene am anonymen Telefon statt. Oder war das lediglich die Konsequenz eines netten, freundlichen Kennenlerngespräches zwischen ihm und Aisha, wer auch immer sie genau war?

Er hätte Gina fragen können. Aber das ging ja nicht. Dennoch hatte er das Gefühl, die Sache würde irgendwie hinhauen. Wenn auch mit einer unguten Ahnung im Hinterkopf. Twilight Zone. Es war die Art, wie Aisha ihre Bekanntschaft mit Gina weggewischt hatte. Als wäre das eine unanständige Sache. Komisch.

12.

"Hier ist der automatische Max. Keiner zu Hause. Oder doch? Egal. Nachrichten bi…" Der Ansagetext wurde unterbrochen. Knacken in der Leitung.

"Nein nein, ich bin da, was gibt´s?" rief Max´ Stimme, die beinahe von der im Hintergrund lärmenden Musik übertönt wurde. "Moment, ich mach mal leiser." Der Radau verschwand. "So, jetzt. Hallo?"

"Ich bin´s nochmal", wurde Harry endlich los. "Wie wär´s mit einem Konzert in der Alten Oper mit anschließendem Edellokal? Alles inklusive, samt sehr netter Begleitung?"

"Gute Idee!" rief Max, noch mit der Stimmlautstärke von vorher. "Wann, in was und mit wem?"

"Ich denke heute oder morgen abend, wollte erst nochmal mit dir drüber sprechen", sagte Harry brav.
"Gerne, beides geht. Mit wem habe ich denn diesmal das Vergnügen? So rein interessehalber", fragte Max ziemlich gut gelaunt.

"Es ist Tara, die Schwester einer meiner Bekannten. Ist Choreografin, wohnt und arbeitet am Mainufer. Aus der Klassikabteilung und wahnsinnig nett. Meine Bekannte meinte, es wäre an der Zeit, dass Tara jemanden wie dich kennenlernt. Prinzip Partner für Freizeitgestaltung. Bei Sympathie Freundschaft nicht ausgeschlossen, bei Nichtgefallen Rückgabe ohne Angabe von Gründen. Wegen des Termins für euer Blind Date muss ich nochmal rückfragen." Harry war der Meinung, Max das Angebot gut verkauft zu haben.

"Geht klar, melde dich einfach, wenn du´s weißt. Ich freu mich", antwortete Max erwartungsgemäß.

Harry freute sich, dass Max so ansprechbar für diesartige Vergnügungen geworden war. Noch vor wenigen Wochen war Max Frauen zwar nicht gerade unaufgeschlossen, aber auf jeden Fall zurückhaltend und abwartend gewesen. Max hatte definitiv eine 180 Grad Kehrtwende gemacht.

Anderseits, der schale Beigeschmack ließ sich schlecht vertreiben. Auch nicht ignorieren. Die ganze Geschichte glitt Harry immer mehr aus den Händen, ohne dass er genau wusste, woran das lag.

Er rief wie verabredet eine gute Stunde später nochmals bei Aisha an. Sie hatte bereits zwei Eintrittskarten für den nächsten Abend beschafft und eine Tischreservierung im Schmid´s organisiert. Obendrein hatte sie einen Abholtermin für die beiden per Stretchlimousine klar gemacht, mit denen Tara und Max zur Alten Oper chauffiert werden würden.

Stretchlimo. Harry war geplättet über so viel Organisationstalent. Entweder musste Aisha steinreich sein, oder Tara hatte geerbt, oder beide waren echte Organisationstalente. In jedem Fall waren es Frauen, die wussten, was sie wollten. Genial, dachte Harry.

Er dagegen wusste noch nicht, dass er schon bald die Wahrheit über Aisha herausfinden würde. Auch nicht, wie schmerzhaft diese sein würde.

13.

Die schneeweiße Stretchlimousine quälte sich durch die zu enge Westendstraße, musste sich noch um eine letzte ziemlich zugeparkte Kurve winden und hielt schließlich vor Max´ Haustür an.

Ein livrierter Chauffeur stieg aus und klingelte wie verabredet zweimal kurz hintereinander bei Freitag Productions. Dann postierte er sich neben dem langen Auto. Als Max kurz darauf aus der Haustür trat, lief der Fahrer zur hinteren Seitentür, öffnete sie und zog die Mütze ab.

"Guten Tag, Herr Freitag. Bitte sehr", deutete der Chauffeur ins Fahrzeuginnere. "Und bitte achten Sie auf Ihren Kopf beim Einsteigen", sagte er reichlich herrschaftlich.
"Danke", antwortete Max sophisticatet. So wichtig hatte ihn noch nie jemand abgeholt. Ihm machte das Abenteuer auf Anhieb Spaß. Er ließ sich in die teuren weichen Lederpolster fallen, worauf der Fahrer hinter ihm die Tür schloss.

Max schaute sich im Fahrzeug um. Noble Bar aus Tropenholz. Indirekte Beleuchtung, gegenüber zwei weitere Ledersessel, Videoanlage, diverse verborgen untergebrachte Lautsprecher, die sehr leise und dezent Smooth Jazz Sound verströmten.

"Hey, haben die mich heute aus dem Hut gezogen?" fragte er laut. Der Chauffeur fuhr sanft los, blickte bei Max´ Bemerkung lediglich kurz in den Rückspiegel und sprach kein Wort. Woran sich nichts änderte, bis er vor einem elfenbeinweißen und frisch sanierten Haus aus der Gründerzeit am Mainufer anhielt.

"Wir sind hier, um Ihre Begleitung abzuholen, Herr Freitag", sagte er gestelzt und stieg aus, um Max die Autotür zu öffnen. "Bitte achten Sie beim Aussteigen auf Ihren Kopf...", sprach er pflichtbewusst.

"Ja doch." Max stieg aus und lief Richtung Eingangstür Marke teure Hütte. Er wollte gerade auf den einzigen und unbeschrifteten Klingelknopf aus Messing drücken, da öffnete sich bereits die Tür.

Dieses engelsgleiche Wesen, das ihm entgegenschwebte, musste Tara sein, dachte er ergriffen. Mein Gott, was für eine Erscheinung. Eine Fee, eine Elfe, eine absolute Wahnsinnsfrau. "Das Schicksal hat uns zusammengeführt, Herr Freitag", flüsterte sie und glitt an ihm vorbei.

Er drehte sich wortlos um, seine Blicke folgten ihr. Tara schwebte tatsächlich. Ihre Füße verursachten kein Geräusch auf dem Asphalt, nichts an ihr sah nach fraulich irdischer Fortbewegung aus. Hat die keine Füße, fragte er sich, wie macht die das? Der Fahrer wies ihm mit der Hand einzusteigen und als Max zwei Meter vor ihm war, sagte er: "Ich weiß, mein Kopf!" und verschwand ebenfalls im Luxusabteil. Was für eine Szene.

"Ich freue mich, Sie kennenzulernen, Tara", sagte Max feierlich, "man hat ein wundervolles Abendprogramm für uns vorbereitet, nicht wahr?"
"Sehr richtig, und ich möchte alles über Sie erfahren", sagte Tara mit geheimnisvollem Blick. "Sie gefallen mir."

"An mir gibt´s gar nicht so viel Besonderes", schwächte Max ab. "Aber dafür gleicht mein Leben momentan einer Achterbahnfahrt." Sie schaute ihn lächelnd an und schwieg einen Augenblick.

"Bin ich Höhepunkt oder Sturzflug darin?" fragte sie und setzte ein neugierig und unbekümmert fragendes Kindergesicht auf. Max lachte. "Weiß ich ja noch nicht. Mögen Sie Beethoven?" lenkte er ab.

"Seine Gedichte oder die Abhandlungen über die sublime Bedeutung des Blinddarms in der französischen Lyrik des 19. Jahrhunderts?" plapperte sie und lachte ihn verschmitzt an. "Tschuldigung, aber ich bin begeisterte Klavierliebhaberin", stellte sie sofort richtig und beugte sich zu ihm. "Sind Sie nicht Pianist?"

"Äh, ja", sagte Max wahrheitsgetreu. "Bin allerdings nicht viel zum Klavierspielen gekommen in letzter Zeit. Es gibt so viele andere Jobs, für die man mich bezahlt hat, so dass das ein wenig zu kurz gekommen ist. In letzter Zeit, meine ich. Spielen Sie auch Klavier?"

Tara blickte versonnen aus dem Autofenster. "Nein." Max erwartete, dass der Satz noch weiterging. Ging er aber nicht. Beide schwiegen.

Der Wagen kam sanft zum Stehen. Sie waren vor der Eingangstreppe der Alten Oper angekommen. Der Chauffeur stieg aus und lief zur Hintertür des Fahrzeugs, öffnete sie und stellte sich wieder brav daneben, nachdem er seine Mütze abgenommen hatte. Max sagte rasch:

"Ich passe auf meinen Kopf schon selbst auf!", hüpfte aus dem Auto, drehte sich um, sprach feierlich zu Tara: "Darf ich bitten, Gnädigste?" und hielt ihr die Hand hin. "Und bitte achten Sie auf Ihren Kopf beim Aussteigen!" sang er in der Stimmlage des Chauffeurs.

Die beiden lachten den Fahrer im Vorbeigehen an, worauf dieser nicht die geringste Miene verzog, sondern auftragsgemäß geradeaus sah. "Einen amüsanten Abend, verehrte Herrschaften", sagte er britisch und schloss die Wagentür. Wo hat Harry den nur ausgegraben, fragte sich Max.

Im Foyer sahen sich Tara und Max erst um und dann an.
"Na, dann suchen wir mal unsere Plätze", schlug Max vor. Tara nickte und hängte sich bei Max´ Arm ein. Beim Laufen hatte Max noch immer das Gefühl, dass Tara eigentlich eher zehn Zentimeter über der Erdoberfläche schwebte.
Sie fanden schnell ihre Platznummern in einer der vorderen Parkettreihen und setzten sich. Zwei Minuten später erlosch die Saalbeleuchtung. Der Dirigent betrat den Orchestergraben und stieg würdevoll auf sein Podest, begleitet vom Applaus der Orchestermusiker und des Publikums. Er verbeugte sich nacheinander in beide Richtungen und hob den Taktstock. Max räusperte sich. Und hüstelte anschließend. Dann musste er husten. Das Konzert begann.
Max spürte aufsteigende Hitzewallungen. So ein Mist, das hat was von Loriot, dachte er verzweifelt. Da waren auch die Schweißperlen auf der Stirn. Wieso kratzte sein Hals auf einmal so blöd. Er hustete einmal kräftig ab, in der Hoffnung, damit könnte es gut sein. Er sah zu Tara, die ihn mitleidig anblickte. Und auch etwas pikiert. Max merkte, dass es leider noch immer gar nicht gut war. Pianosolo. Pianissimo. Max hustete lang. Der Dirigent drehte sich um. Max fühlte sich von höchstens 800 Augenpaaren beobachtet. Plus zwei Pianistenaugen, die ihn mittlerweile erspäht hatten.

Solisten, deren Konzentration gestört wird, werden nicht selten ärgerlich, dachte Max. Das war ihm wohlbekannt. Aus eigener unangenehmer Erfahrung. Glücklicherweise kam wieder eine mezzoforte Orchesterpassage. Die Gefahr war erstmal gebannt. Tara fragte leise:

"Probleme?" Und Max antwortete laut:
"Ach was!" Tara zuckte etwas erschrocken zusammen und blickte wieder nach vorn. "Pardon", flüsterte ihr Max hinterher, worauf sich ihre Gesichtszüge sichtbar glätteten. Kurz darauf tastete sie nach seiner Hand und schob ihre kühlen zarten Finger in seine Handfläche. Max spürte die manikürten Nägel und die gepflegte Haut, und ihm rieselte ein wohliger Schauer über den Rücken.

Jaaa, dachte er, so war es richtig. Ein Abend mit Niveau, eine humorvolle witzige gebildete Musikkennerin, dazu eine unglaublich sinnliche Frau, die sich überdies noch als sehr anschmiegsam entpuppte. Die perfekte Kombination.

Eine Tatsache, die offenbar auch den hässlichen Hustenreiz in die Flucht geschlagen hatte, denn der Rest des Konzertes verlief ungestört. Max war dankbar. Um ein Haar hätte er den Abend schon wieder ruiniert, ohne dass er diesmal was dafür könnte. Dabei war die Aufführung ein echter Hochgenuss. Dirigent, Solist und Orchester waren in Hochform, was das Publikum mit frenetischem Applaus honorierte.

Sie verließen behende das ehrwürdige Gebäude und gingen eng aneinandergekuschelt über das romantische Kopfsteinpflaster Richtung Schmid´s.

"Fühlst du dich wohl?" erkundigte sich Max bei Tara und fühlte damit gleichzeitg diskret vor, ob sie mit einem Du einverstanden war.

"Das war ein wundervolles Konzert und für diesen überaus gelungenen Teil des Abends möchte ich dir schon jetzt danken", beantwortete Tara beides, hüpfte etwas hoch und hauchte einen sanften Kuss auf seine Wange. Fühlt sich gut an, dachte Max. Wieder dieses Rieseln.

Sie schritten durch Schmid´s Eingangsportal, Max gab seinen Namen an, und sie wurden umgehend zu einem entzückenden schmiedeeisernen kleinen runden Tisch geführt, der feinst gedeckt war. Max war zufrieden. Da Aisha sich auch um das Dinner gekümmert hatte, widmeten sich die beiden gegenseitig ungeteilte Aufmerksamkeit.

"Wie ich gehört habe, bist du Choreografin?" begann Max die Tischkonversation.

"Richtig. Sag mal, macht es dir was aus, wenn ich mir deine Jacke ausleihe? Es ist so kalt hier drin", fröstelte sie. Max hängte ihr ritterlich das Jackett um die Schultern, und Tara erzählte:

"Ich bilde junge Ballettmädchen aus, klassisch selbstverständlich. Aber zwischendurch meldet sich bei mir auch die eine oder andere Agentur und wünscht mein Engagement für verschiedene künstlerische Produktionen. Meistens im Ausland, Frankreich, Italien. Bei Spielfilmen und dergleichen…" Sie stand auf.

"Entschuldige, aber ich muss mal kurz, bis gleich, ja?" und weg war sie in Richtung Waschraum. Max sah ihr nach. Mit seinem Jackett um den Schultern sah sie noch extravaganter aus als vorher, dachte er.

Nach einer Minute war sie wieder da und plauderte an der Stelle weiter, an der sie aufgehört hatte.

"Hierzulande findet unsere Tätigkeit ja kaum Beachtung. Abgesehen von dem Getänzel, was in niveaulosen U-Musik-Erzeugnissen publiziert wird. Nicht mein Fall", erklärte Tara. "Fernsehen, Radio, dieses ganze Gefummel kommt mir nicht ins Haus. Die lächerlichen Kunstprodukte affektierter Schnösel, damit kannst du mich jagen. Dient alles nur der Anhäufung von Geld und Ruhm. Ist mir eindeutig zu vergänglich, der ganze Plunder, und die handwerkliche Qualität kommt aus dem Computer. Hat alles nichts mehr mit Musik und Kunst zu tun. Ich meine, das bringt die Menschheit doch nicht weiter, oder?"

Paff.

Max hatte das Gefühl, jeder müsste diesen Knall gehört haben, mit dem seine Illusionen zerplatzten. Er war so vollständig von den Socken, dass ihm keine auch nur halbwegs geistreiche Entgegnung einfiel. War diese Schimpftirade aus dem selben zarten Mund gekommen, der eben noch in den höchsten Flötentönen seine Zufriedenheit bekundet hatte?

Zugegeben, Max war der letzte, der mehr als notwendig für die Geldmaschinen der Medienwelt übrig hatte. Aber sie existieren nun mal, und Max verdiente nicht schlecht daran. Musste man das derart verteufeln?

Er fühlte sich zwar in erster Linie den kunstlastigen Musik- und Bilderprodukten hingezogen, fand aber nicht zuletzt durch Gemeinschaftsarbeiten mit Harry eine Menge positive Aspekte am modernen Medienentertainment. Tara fuhr fort.

"Seit Jahrhunderten bemühen sich selbstlose Genies ohne Rücksicht auf ihren persönlichen Habitus um die Entwicklung eines international anerkannten Kunstniveaus. Wer alles musste nicht erst uralt werden oder gar sterben, um endlich die gebührende Beachtung für seine Werke zu finden? Bartok, Verdi, van Gogh, Satie, sämtlich zu Lebzeiten verkannt oder arme Schlucker. Ihre Werke sind heute ein Vermögen wert. Ich opfere mich gerne und mit Hingabe den Karrieren meiner kleinen Elevinnen, damit bereits von klein auf das Beste aus ihren Begabungen herausgeholt wird. Die Stimme meines Herzens befiehlt mir diesen Weg, und ich folge ihr bedingungslos."

Sie nahm einen Schluck Champagner. Und dann noch einen. Einen weiteren, womit das Glas geleert war. Schluckspecht, attestierte Max und unterdrückte einen Kommentar.

"Selbstverständlich", sagte er knapp und möglichst neutral. "Nun, ich denke, wir sollten unser Dinner bestellen, nicht wahr." Bevor er die radikalen Auswürfe von Tara in irgendeiner Weise kommentierte, wollte er sich gründlich Gedanken machen. Glücklicherweise rollte gerade der Tischkellner mit dem Servicewagen an. Als Max jedoch nach dem Menü fragen wollte, erlebte er eine Überraschung.

"Nein, der Herr, das ist schon richtig so", erklärte der Kellner. "Ist alles arrangiert und wird sofort serviert, wenn Sie es wünschen. Bezahlt wurde übrigens auch schon", ergänzte er leise und zwinkerte.

Max schwieg beeindruckt. Aber so edel der Abend auch wirkte, er konnte nicht darüber hinwegtäuschen, dass die Stimmung gründlich im Eimer war. Max war mittlerweile nicht mehr sicher, ob er Tara gedanklich noch folgen konnte oder wollte. Es kam ihm schon reichlich abgehoben vor, was sie von sich gab.

Das Bild, das er sich zuerst von ihr gemacht hatte, begann zusehends zu bröckeln, wenn es nicht bereits einen Sprung hatte. Zweimal verlangte Tara auf ihre unnachahmliche Art, die keinen Widerspruch duldete, eine weitere Flasche Champagner. Nach einer knappen Stunde waren die Teller und Flaschen leer, Tara voll, und Max durcheinander.

Die Elfe hatte sich in einen bärbeißigen Troll verwandelt, der betrunken durch den Zauberwald randalierte und alles niederbrüllte, was ihm begegnete. Tänzer, Sänger, Musiker, Regisseure, Plattenfirmen – jeder, der nicht im Dienste der klassischen schönen Künste stand, sondern sein Geld mit schnöder Unterhaltung verdiente, bekam sein Fett weg.

Tara ließ nichts aus, und nach einer Weile hatte Max das Gefühl, gleich schreien zu müssen. Er sehnte sich nach einem sanften lieben Wort, nach etwas Positivem in all den Verrissen. Zum Beispiel einem gutgelaunten Taxifahrer, dachte er, während er die Taxizentrale anrief.

Bereits zwei Minuten später war der Wagen da. Tara redete immer noch. Nicht so viel wie Rosy, eher bruchstückhaft, dafür ätzend scharfzüngig und betrunken.

Für ihn hörte sich ihr Gerede zwischenzeitlich eher wie ein vor sich hintuckernder Dieselmotor an, den man nicht mehr ausschalten konnte, weil jemand den Zündschlüssel verlegt hatte. Nur die Frequenz war deutlich höher. Wenn man ihn wenigstens abwürgen könnte, dachte Max sauer.

Als sie endlich vor Taras Haus angekommen war, wollte er wenigstens noch zwei Minuten gute Miene zum bösen Spiel machen. Er stieg zuerst aus, hielt ihr die Tür auf und half Tara beim Aussteigen.

Plötzlich schwebte sie wieder. Schwebte aus dem Auto, über den Bürgersteig, dem Haus entgegen. Und wirkte auf einmal gar nicht mehr betrunken, stellte Max verwirrt fest.

Schlagartig standen beide im grellen Flutlicht. Max blinzelte und erkannte, dass das Eingangsportal und die breite Treppe der Villa aus mindestens vierzig gleißenden Halogenstrahlern angestrahlt wurden. Die massive alte Tür öffnete sich.

"Na das wird aber Zeit, Fräuleinchen", rief eine ungeduldige Frauenstimme, die annähernd so alt wie die Tür klang, "die Herrschaften sind sehr konsterniert über Ihr Verhalten. Nun aber husch husch!"

Zu der Stimme gehörte ein noch älteres, ziemlich snobbiges Gesicht, soviel Max auf diese Entfernung erkennen konnte.

"Ciao", flüsterte Tara im Vorbeilaufen, eilte die Treppe hoch und war, schwupps, im Haus verschwunden. Die Tür schloss sich wieder und das Licht ging aus. Abspann, Film zu Ende, ab nach Hause.

Und jetzt?

Max stand vor der geöffneten Tür des Taxis. Sein Mund stand ebenfalls offen. So eine merkwürdige Ziege, dachte er. Entweder hat sie einen ernsthaften Knall, so in Richtung multiple Persönlichkeit, oder sie ist einfach völlig überdeht. Max wusste nicht, ob er Lust hatte, das herauszufinden. Da waren ihm Rosys Redeschwall oder Merets Sexattacken lieber, grübelte er sinnloserweise. So lange, bis der Taxifahrer aus dem Auto temperamentvoll herausitalienerte:

"Skusi, solleweitergehene, ischeabenogge andere Kunne-schaffete!"

Max erwachte, woraus auch immer, wenigstens partiell, drehte sich um und ließ sich in den Sitz fallen. Jetzt verstand er gar nichts mehr, und eigentlich war er auch nicht mehr in der Lage nachzudenken.

Leider.

14.

Als Max das nächste Mal erwachte, war es dunkel. Was einerseits an den heruntergelassenen Jalousien liegen konnte.

Anderseits hatte Max jedes Zeitgefühl verloren, dafür tobten in seinem Kopf zuviele kleine Nervgeister mit Spitzhacke und Holzschuhen.

Max stöhnte unterdrückt, um es sofort zu bereuen. Der Schall seiner eigenen Stimme schien direkt auf der Schädeldecke zu landen.

Die Zeiger des altmodischen Weckers zeigten auf 2.26 Uhr. Nachts oder nachmittags, fragte er sich, und schaltete mit der neben dem Bett liegenden Fernbedienung den Fernseher an. Auf RTL lief eine Talkshow. Viel zu laut. Also nachmittag. Oder doch nachts, diese Labersendungen wurden immer wiederholt.

Max entschied sich, das Bett zu verlassen. Wie in Zeitlupe ging er zum Fenster. Als er die Jalousie aufklappte, drangen grelle Sonnenstrahlen in den Raum und bohrten sich zwischen seine zusammengekniffenen Augenlider. "Guter Himmel, also mitten am Tag", sagte er laut.

Als er sich umdrehte, sah er, was an diesem Tag nicht stimmte.

Der Schock ließ ihn für einen langen Moment erstarren. Warum zum Teufel war ihm das gestern Nacht nicht aufgefallen, als er nach Hause gekommen war? Wie betrunken, wie blind war er eigentlich gewesen? Wie hatte er das übersehen und einfach ins Bett fallen können?

Die aufgerissenen Schreibtischfächer. Das halb geleerte CD-Regal. Der fehlende Videorecorder. Das teure Equipment war noch da, ebenso die Stereoanlage. Nur die kleinen, leichten Dinge, die in zwei große Taschen passten, richtig wehtaten und nicht versichert waren, fehlten.

Max realisierte auf einen Blick, was das hieß. Schließlich hatte er ein paar Stunden vorher noch aufgeräumt und alles in die Hand genommen. Schecks, Kreditkarten, Bargeld und Elektronik. Scheiße, dachte Max nur. Alles sortiert und frisch poliert für so ein Arschloch von Einbrecher. Dann stutzte er.

Das Schloss am Schreibtisch war ordnungsgemäß geöffnet, nicht aufgebrochen. Max ging zur Wohnungstür und untersuchte den Schließzylinder. Ebenfalls unbeschädigt. Wer immer eingebrochen war, er hatte einen Schlüssel. Und das war unmöglich. Der einzige Zweitschlüssel lag seit Jahren in einem Schließfach auf der Bank. Nicht einmal Harry besaß einen.

Max schwankte zum Kühlschrank, nahm eine Flasche Orangensaft und trank sie halb leer. Kalt, vitaminreich, sauer. Endlich erwachten seine übrigen Gehirnzellen auch. Aus dem unkontrollierten Gedankenwust kristallisierten sich drei klare Fragen heraus. Wer konnte einen Schlüssel für diese Wohnung besitzen? Und wer hasste Max so sehr, dass er eiskalt so eine Bruchnummer mit ihm abziehen konnte? Und wer wusste, dass er an diesem Abend nicht zuhause, sondern meilenweit weg in der Alten Oper sitzen würde?

Ich sollte ein ausführliches Gespräch mit Harry haben, überlegte er, als er zum Kleiderschrank ging. Oder mit einem Psychiater. Vielleicht kann mir einer erklären, was da gelaufen ist. Aber erst, wenn ich sicher bin, wirklich wach zu sein.

Max zog sich an, frühstückte etwa einen Liter Kaffee und überlegte. In Gesellschaft seiner Kaffeemaschine fühlte er sich bereits besser. Was nicht hieß, dass er auch Lust hatte zu arbeiten. Max überlegte weiter. Und befand, einfach nicht da zu sein. Zumindest für alle, die etwas von ihm wollten. Zum ersten Mal in seinem ganzen Leben ließ er seinen Job einen Job sein und ignorierte die Konsequenzen. Fühlt sich gar nicht schlecht an, ein böser Junge zu sein, stellte Max überrascht fest. Aber dann verfinsterte sich seine Laune wieder. Was genau war gestern eigentlich passiert, fragte er sich.

Die Bilder mit Tara in der Alten Oper wirkten seltsam verschwommen, wie aus einem Traum. Ihre hasserfüllten Kommentare. Der viele Champagner. Und dann diese komische Szene mit dem Licht vor dem Hausportal.

Klick.
Ein weiteres Bild brachte zumindest so etwas wie eine Erklärung. Tara, die mit seinem Jackett zur Toilette ging. Dem Jackett, in dessen rechter Innentasche sein Schlüsselbund lag. Mit allem. Haustürschlüssel, Autoschlüssel, Briefkastenschlüssel, selbstverständlich auch der Schlüssel für den Schreibtisch.

Harry. Ohne wie üblich vorher anzurufen, machte Max sich auf den Weg von Frankfurt nach Königstein. Harry war der einzige, der informiert gewesen war. Allerdings auch der einzige, mit dem er jetzt reden konnte.

Dreimal klingeln kann übel sein, besonders, wenn man nicht wach ist. Oder nicht aufstehen will. Beides traf auf Harry zu. Das schlechte Gewissen, das ihn seit Tagen plagte, wirkte sich verheerend auf seine Leistungsfähigkeit aus.

"Hi there. Du hier?" dumpfte er müde, als Max an ihm vorbei in die Wohnung stürmte.

"Ja, ich hier, stell Dir vor", giftete Max. "Und ich brauch deinen Rat, aber pronto!"

"Schieß los", meinte Harry gleichgültig.

"Überschlag dich nicht gleich vor Anteilnahme", tönte Max gekränkt. "Was ist dir denn passiert? Stör´ ich vielleicht? Oder bist du nicht allein?"

"Unsinn, hab einfach schlecht geschlafen. Also, wo brauchst du meinen Rat, hm?"

"Beantworte mir bitte nur eine Frage. War ich gestern in der Alten Oper und danach bei Schmid´s?"

"Soweit ich weiß, ja", memorierte Harry und öffnete die Tür zum Garten. "Wieso, hast du einen Filmriss? War die Musik so mies?" Der lauernde Unterton bei Max gefiel ihm ganz und gar nicht.

Max ließ sich in eine Liege fallen.
"Damit liegst du gar nicht falsch. Es war der perfekte Sound-track für die mieseste Nummer, die je einer mit mir abgezogen hat." Dabei schaute er Harry genau ins unrasierte Gesicht. "Weißt du, was ich meine?" fragte er.

"Jetzt pass mal auf", blockte Harry ab. "Ich hab keine Lust auf Ratespielchen. Wenn du irgendein Problem mit dieser Tara hattest oder sonst was nicht stimmt, raus damit, ansonsten vergiss es."

"Du weißt also wirklich nicht, was bei mir passiert ist, nein? Dann hör mal gut zu und halt dich fest. Während ich gestern mit deiner tollen Tara nach dem Konzert beim Essen saß, hat sich jemand Zugang zu meiner Wohnung verschafft und dann in aller Ruhe meine Wertsachen eingetütet und mitgenommen. *Das* ist los!"

"Was? Eingebrochen?" schnappte Harry betroffen.
"Und noch dazu mit meinem eigenen Schlüssel", replikte Max sauer. Harry schluckte.
"Sorry, das hab ich nicht geahnt. Was ein Hammer." Pause. "Fehlt viel?"

"Es reicht", antwortete Max. "Schlimmer ist die Tatsache, dass es dafür nur eine einzige Erklärung gibt." Fragezeichengesicht von Harry. "Naja, diese Tara ist mal kurz aufs Klo verschwunden. Und zwar mit meiner Jacke."

"Äh, wie kommt die Tante zu deiner Jacke?"

"Ach, angeblich war ihr kalt", meckerte Max. "Fröstelfröstel, kann ich mal dein Jackett und so weiter. Blödester Trick seit Erfindung der Klimaanlage, und ich fall drauf rein. Jedenfalls muss sie jemandem meinen Schlüssel gegeben haben, um ihn danach wieder reinzuschmuggeln." Harry rieb sich den Kopf, er wollte endlich auf Sendung kommen. Soviel Hammernews am frühen Morgen waren anstrengend.

"So schnell? Glaub ich nicht."
"Was weiß ich, vielleicht haben sie einen Abdruck gemacht oder so…"

"Oder sie hatte ihn schon vorher und hat ihn da wieder rein-praktiziert" ergänzte Harry, inzwischen fast schon geistesgegen-wärtig.

"Wie kommst du darauf?" fragte Max.

"Fernsehen. Kommt öfter vor." Harry kratzte sich nachdenk-lich am Kopf. Haarewaschen wäre dringend fällig.
"Das heißt, diese blöde Ziege hat ganz am Anfang des Abends den Schlüssel vom Schlüsselbund geklaut, ihn jemandem gegeben, um ihn dir dann bei der kleinen Klotour wieder dran-zumachen. Und niemand merkt was."

"Mann, mann. Deshalb auch die Limo", bilanzierte Max. "Damit ich nicht selber fahre und den Schlüssel zu oft in die Hand nehme. Wahnsinn…" Er schnalzte mit der Zunge. "Sowas ist hochkriminell. Wenn ihr jemand dabei hilft, heißt das, die ist eine professionelle Diebin! Oh Mann, oh mann, was ein Ei…" Max stand auf und lief unruhig auf und ab. "Und jetzt weiß ich auch, warum sie sich gleich so an mich ranschmiss. Ihre Hand in meiner Tasche, kuschelkuschel, bin ich bescheuert!"

Harry fühlte sich mieser als zuvor. Nun war es passiert. Die Sache war außer Kontrolle geraten, jetzt hatten sie es plötzlich nicht mehr nur mit Nymphomaninnen, Plaudertaschen oder karrieregeilen Sängerinnen zu tun, sondern mit Profibetrügern. Die ohne Skrupel eine Wohnung ausräumten. Das hatte aufzu-hören. Sofort. Bevor noch mehr passierte. Harry fasste einen Entschluss.

"Max, ich muss dir auch noch was sagen."

"Was? He, spiel nicht das alte Maxerschrecken mit mir, danach ist mir heute überhaupt nicht..."

"Setz dich", beschied Harry und deutete auf die Liege. Max plumpste widerspruchslos in die Polster.

"Also, was musst du mir sagen?"

"Angefangen hat es mit Ginas Timer." Meine Güte, ist das schwer, dachte Harry. "Angefangen hat´s mit dem Timer, der im Wohnzimmer rumlag. Und den Adressen hintendrin. Und dir, der ständig gesagt hatte, er wolle tolle Frauen kennenlernen..."

"Moment mal, versuchst du mir das zu sagen, wovon ich glaube, dass du es mir sagen willst?" erkundigte Max sich ahnungsvoll.

"Weiß nicht." Unglücklicher Seitenblick von Harry. "Ich hab´s halt probiert. Einfach mal die erste angerufen. Und alles hat ja dann auch wunderbar geklappt..."

"Ja, klasse, einfach supergut...!" bellte Max. "Wildfremde Frauen aus Ginas Terminkalender. Sag mal, ich glaub, ich spinne. Hast du eigentlich noch alle Chips auf der Platine?!"

"Ja, ich weiß, das war eine Schnapsidee. Aber was hätte ich denn machen sollen? Du hast mir einfach leid getan, mit deinen ständigen Pleiten in Sachen Frauen, und da dachte ich, Gina kennt bestimmt ein paar echte Treffer, so eine Art Rundum-Superweib..."

"Von wegen Superweiber", widersprach Max. "Und warum erzählst du mir das nicht? Ich hab dich explizit gefragt, wer diese

Frauen sind und woher du sie kennst. Alles, was von dir kam, war ein blöder Spruch, von wegen Geheimnis und so. Echt, das ist dermaßen dämlich…" Max redete sich in Rage.

"Stimmt, ja, ich geb´s zu, entschuldige bitte. Was soll ich noch machen, mich im Staub wälzen? Ich weiß, dass es saudämlich war. Auch wenn es einem guten Zweck dienen sollte, mein Lieber. Aber was soll´s, es ist sowieso vorbei. Das einzige, was wir jetzt noch davon haben, ist Ärger, den wir bereinigen müssen."

"Irrtum, mein Lieber. Nicht wir haben Ärger, sondern du. Im Gegensatz zu dir habe ich niemandem was verheimlicht. Vielleicht ahnt Gina ja schon etwas? Ich meine, Frauen haben für sowas einen sechsten Sinn."

"Das kommt ausgerechnet aus deinem Munde, als alter Frauenfachmann, ja?" bohrte Harry zynisch. "Gina krieg ich schon gehandelt, keine Sorge…"

Das Telefon klingelte. Harry lief ins Haus, nahm den Hörer im Wohnzimmer ab und rief: "Glasmann, was ist?" hinein.

"Guten Tag Herr Glasmann. Hier ist Melanie Beer von der 'Amazing Events Agency'. Mein Kollege hat bei der Annahme ihres Auftrages gestern ganz vergessen, sich ihre Kreditkartennummer geben zu lassen. Für dieses Versehen möchte ich mich entschuldigen. Würden sie mir die Nummer bitte kurz durchgeben, damit ich das hier nachtragen kann?"

Harry überlegte einen Augenblick, um welchen Auftrag es sich denn überhaupt handeln sollte. Ihm war weder diese Agency bekannt, noch etwas von einer Order vom Vortag.

"Könnte es sich hier möglichweise um einen Irrtum handeln, Frau Beer", erkundigte er sich, "ich weiß im Moment gar nichts von einem Auftrag."

"Das Eventarrangement von gestern abend. Ihre Frau hat es in Auftrag gegeben..."

"Meine...*was?*" fragte Harry verblüfft.

"Ihre Frau. Gina Glasmann, stimmt doch, oder? Hier steht´s: Eine Stunde Stretchlimousine mit Chauffeur ohne Kilometerbegrenzung, Klassikkonzert Alte Oper sowie unser Romantikdinner für zwei Personen inklusive Champagnergedeck. Plus Last Minute Zuschlag nach telefonischer Order..." zählte die Dame im superfreundlichen Geschäftstonfall auf.

"Ich hoffe, wir haben den Auftrag zu ihrer vollen Zufriedenheit ausgeführt, Herr Glasmann", ergänzte sie elegant. "Darf ich jetzt Ihre Kreditkartennummer und Gültigkeit in unsere Kundendatei übernehmen? Nach Abbuchung wird der Eintrag aus Datenschutzgründen selbstverständlich wieder gelöscht."

Harry war von den Socken. Diese Aisha, dachte er. Dieses gerissene Biest. Gina Glasmann, sehr witzig. Sie hatte ihn eiskalt über den Tisch gezogen. Gab sich als Gina und als seine Frau aus. Ohne mit der Wimper zu zucken. Von wegen steinreich oder geerbt, dachte Harry wütend. Aber wozu das Ganze? Nur damit ihre dämliche angebliche Schwester Tara einen Luxusabend verbringen durfte? Die Geschichte wurde immer verworrener.

"Sind sie noch da, Herr Glasmann?" fragte Miss Superfreundlich am anderen Leitungsende.

"Selbstverständlich. Wie hoch ist denn der Rechnungsbetrag, wenn ich fragen darf?" fragte Harry ängstlich und wollte es eigentlich schon nicht mehr wissen.

"Exakt achthundertvierundsechzig Euro und dreiundzwanzig. Zuzüglich Mehrwertsteuer. Die Nummer ihrer Kreditkarte?" Miss Megafreundlich war hartnäckig. Harry ließ sich zurückfallen und versank im glücklicherweise hinter ihm stehenden Sofa.

"Sicher, einen Augenblick, ich hole sie gerade", sagte er beflissen und blickte sich nach dem derzeitigen Aufenthaltsort seiner Brieftasche um. Da lag sie, in Reichweite auf dem Ecktisch neben der Couch. Harry angelte danach. Er gab die Angaben ordnungsgemäß durch. Nachdem das Gespräch beendet war, blieb Harry noch sitzen. Max kam herein und fragte:

"Irgendwas nicht in Ordnung?"

"Ach was, Teuerster", entgegnete Harry. "Ich hab nur gerade die Kleinigkeit von knapp neunhundert Euro plus Meerschweinchensteuer für dein Date von gestern hingeblättert, damit du's weißt. Diese Aisha, oder wie sie auch immer heißt, hat in meinem Namen, besser gesagt, im Namen meiner Frau Gina einen Event-Service beauftragt! Und jetzt…"

Max ging ein Kronleuchter auf. "Na klar," rief er und klopfte sich gegen die Stirn. "Die beiden arbeiten zusammen. Die eine legt mich mit Konzert und Dinner lahm, während die andere meine Bude ausräumt. So eine Scheiße, und alles wegen deiner extrem blöden Idee mit dem…" Dinge Di Dong. Türklingeln.

"Nicht noch mehr Besuch…" stöhnte Harry. "Ich kann nicht mehr."

"Ach woher denn, jetzt wird's bestimmt erst richtig lustig!" frotzelte Max. "Wo wird man schon mal gratis so prächtig unterhalten? Das hast du doch sonst höchstens bei den Simpsons!" Er schien weniger böse als grimmig amüsiert über die Geschichte zu sein. Harry stand auf, lief zur Haustür und öffnete sie.

"Hey Gina! Hast du keinen Schlüssel dabei?" hörte es Max aus der Distanz. Es klatschte. Hand auf Backe. Aber kräftig.

"Sei froh, dass ich ihn nicht dabei hab', sonst hättest du jetzt einen Hollywoodplastikzahn weniger!" fauchte eine tiefe Frauenstimme. Oh oh, dachte Max und machte es sich bequem. Das versprach ein spannender Tag zu werden.

15.

Harry kam zurück ins Wohnzimmer, eine Hand an der Backe, die andere abwehrend vor sich gestreckt. Gina fasste in ihre Schultertasche und zog ihren Timer heraus.

"Na? Kommt dir das gute Stück bekannt vor?" Sie wedelte mit dem Teil. "Ach ja, schönen Gruß von Gitta und Rosy und Lulu…"

Sie feuerte den Timer in Harrys Magengrube, woraufhin er zusammenzuckte, und setzte sich neben Max auf das Sofa.

"So, und jetzt raus mit der Sprache. Was ist das für eine affige Geschichte mit diesen Verabredungen?" Harry lehnte sich gegen das Bücherregal und druckste.

"Du meinst, mit den Telefonnummern aus deinem Timer. Also das war so…"
"Die Kurzfassung in Stichworten bitte, sonst werden wir ja nie fertig, Harald Glasmann!" unterbrach Gina ihn genervt. Jetzt wurde es Max ebenfalls unheimlich.
Wenn sie Harald Glasmann sagte, war etwas ganz und gar nicht gut gelaufen. Allerdings gab es für die Stärke 8 auf Ginas Richterskala noch die Anrede Mister Perfect, wusste Max. Harry begann noch einmal.

"Also. Ich wollte für Max ein paar Dates arrangieren. Statt Kontaktanzeige und Flirtline, you know. Und dabei ist mir dein Timer in die Hände gefallen. Frauennamen gefallen, Nummern aufgeschrieben, angerufen, nett gefunden, Date ausgemacht. That´s all…"

"Und auf die atemberaubend kühne Idee, mich einfach mal zu fragen, kamst du nicht, nein?" schnaubte Gina.

"Ich…, nun ich wollte mich nicht blamieren. Vor dir. Und vor Max…"
Es kostete Harry einige Überwindung, das zu sagen.
"Wie hätte das denn für mich ausgesehen, wenn ausgerechnet ich dich nach alleinstehenden Frauen frage?" Harry wand sich unbehaglich. Aber Gina ließ ihn schmoren.

"Ah ja, und du denkst, jetzt siehst du besser aus, ja? Du dachtest, es wirft ein super Licht auf dich, wenn mich Gitta anruft und mir eine sehr schräge Story von einem Dreierdate erzählt? Und zwei Tage später steht Rosy vor der Tür. Mit einer noch schrägeren Story. Und dass Lulu mir ein Fax mit einer eindeutigen Nachricht geschickt hat? Sie hat den tollen Harry getroffen, der ja neuerdings wieder solo ist und mit Max und seiner Freundin durch Szenekneipen zieht, und ob ich was dagegen hätte, wenn sie ihr Glück wieder bei dir probiert…" Sie schüttelte wütend das Haar nach hinten. "Mann, und mir erzählst du, wie müde du bist und dass du keine Lust auf Kneipen hast! Nicht mal besuchen durfte ich dich, du scheinheiliger Macho! Warum nicht, war Lulu noch nicht wieder angezogen?"

Max begriff nicht.
"Von welcher Lulu redet ihr eigentlich? Die, die wir mit Rosy vor der Kneipe getroffen haben, und die so auf dich abgefahren ist? Sag bloß, du kennst die schon länger?" fragte Max. Gina

lachte spöttisch. Max drehte sich ungläubig zu Harry um. Der hob hilfesuchend die Schultern.

"Ja und nein. Ich hab dir nichts davon erzählt, eine blöde Geschichte, damals in…"
"Klar, für blöde Geschichten hast du ja Talent, wie wir wissen. Hebt euch die von Mann zu Mann Beichte mit Lulu für später auf, jetzt reden wir über was anders." Als Max noch etwas sagen wollte, fuhr Gina ihm über den Mund.

"He, du hast Sendepause, bis ich dich was frage, klar? Blöd genug von dir, dass du dich auf sowas überhaupt eingelassen hast." Max verstummte. Sie stand auf und stemmte die Hände in die Hüften.

"So, last Chance, Mister Perfect. Die Wahrheit. Und zwar vollständig. Wen hast du noch alles angerufen? Und was ist an den Abenden passiert?"

Jetzt kam die Beichte. Stück für Stück. Harry ließ nichts aus, während Gina ihn ununterbrochen ansah. An der Stelle, wo Mona im Auto über ihn hergefallen war, musste Max ein Kichern unterdrücken. Die Vorstellung, dass Superharry willen- und wehrlos den Sexphantasien einer Fremden ausgeliefert sein sollte, war einfach zu komisch. Aber Harry litt. Man sah deutlich, wie unangenehm ihm diese Erfahrung gewesen sein musste.

Gina schien das ähnlich zu sehen. Sie zog die Luft scharf ein und hielt den Atem an. Bis Harry fertig war.

"Ist das wirklich alles?" vergewisserte sie sich. Harry nickte kleinlaut. Gina legte den Kopf schief. Und fing unvermutet an zu lachen.

"Es ist doch was dran an dem Spruch: Jeder kriegt das, was er verdient. Die Nummer ist echt zu bizarr, um sie ernst zu nehmen", sagte sie. "Ich verrat dir jetzt mal was. Du Möchtegerncasanova hast dir aus allen Kandidatinnen genau die für ein Date ausgesucht, die unter Garantie Stress bringen. Spricht nicht gerade für deine Menschenkenntnis, mein Lieber." Sie stand auf.

"Zuerst mal zum Thema Blowjob auf der Landstraße. Mona ist von Natur aus geil. Dauergeil sozusagen. Bild dir also nichts auf ihren Überfall ein, die gräbt jeden an, der auch nur halbwegs zivil aussieht. Gitta kann nichts für sich behalten. Rosy auch nicht. Lieb aber plapperhaft. Die Pest für jeden, der mit ihr telefoniert. Meret ist einfach nur ein Flittchen. Sorry Max, das war billig. Deftig, aber harmlos. Alles im grünen Bereich sozusagen…" Sie ballte die Fäuste.

"Aber dass du ausgerechnet Aisha und Tara kontaktet hast, ist das Letzte. Das Oberallerletzte. Erinnerst du dich denn nicht an die Story von der Kleptomanin, die uns damals wochenlang beschäftigt hat?"

Bei Harry klingelte etwas. Undeutlich, aber hörbar.

"Deine Exfreundin, die irgendwann im Knast gelandet ist?" Gina nickte.

"Aus dem sie dank gekaufter Gutachten entlassen wurde. Ich hab sie reingebracht, da waren wir schon zusammen. Du hast doch die Briefe vom Gericht selbst gelesen. Damals hatte ich die alte Schlampe angezeigt, nachdem sie einen Scheck von mir geklaut und meine Unterschrift gefälscht hatte. Danach hat sie versucht, mir die Hölle heiß zu machen. Telefonterror, das musst du doch noch wissen?! Es war so eine lange Aktion, die Alte endlich loszuwerden. Was glaubst du, warum meine Nummer nicht bei der Auskunft registriert ist? Und jetzt das!" Sie schlug wütend auf ein wehrloses Kissen ein, das sofort protestierend Staub vertreute.

"Diese dumme Kuh hat nur auf einen günstigen Moment gewartet, mir das heimzuzahlen! Dass sie ausgerechnet von dir die Gelegenheit frei Haus serviert bekommt, ist absolut krass. Wie kannst du mir nur so in den Rücken fallen?" fauchte sie. Sie war auf hundertachtzig und nicht mehr zu bremsen.

"Kann ich denn nicht mal meinen Timer bei dir liegenlassen, ohne dass du dir das Ding gleich scannst? Zeig mir deine Festplatte und ich sag dir, welcher Chip in deinem Hirn steckt, großer Meister!" donnerte sie.

Max schwieg dazu lieber. Jedes überflüssige Wort von ihm hätte Ginas Temperament noch weiter anstacheln können.

"Geschieht dir ganz recht, dass dich Aisha hochgenommen hat, Maitre de femme cuisine. Diese alte Schlampe ist ein fieses Miststück, wie ich kein zweites kenne Und das keine Gelegenheit ungenutzt lässt, Leuten ohne Vorwarnung in die Schrittgegend zu treten. Mit Wanderschuhen. Hältst du dich nicht für den Frauenkenner schlechthin auf diesem Planeten?" Gina zielte punktgenau auf Harrys ohnehin schon ramponiertes Selbstbewusstsein, wie Max mitleidig feststellte.

"Dann hat dich deine emotionale Intelligenz bei ihr aber gründlich im Stich gelassen. Als nichttherapierbare Kleptomanin hat sie meine sämtlichen Freundinnen nach und nach beklaut. Hab ich dir doch alles ausführlich erzählt, Mister Glasmann. Und ihr adrettes Schwester-Pflänzchen Tara, die hat einen ganz anderen Schatten…"

"Das kann ich bestätigen", murmelte Max trocken, und Ginas Aufmerksamkeit schwenkte kurz zu ihm.

"Ach ja? Was hat sie dir denn vorgegaukelt, Max? Eine zartbesaitete Choreografin? Die reiche Erbnichte aus altem Frankfurter Adel? Oder die klassische Pianistin? Egal. Weißt du, was das für eine ist?"

Sie machte eine wirkungsvolle Pause und schickte Max einen autoritären Blick. Der zuckte nur mit den Schultern.

"Eine notorische Lügnerin mit Komplexen, groß wie der Henningerturm. Tara ist das Hausmädchen in einem Frankfurter Villenhaushalt. Ihre optische Fragilität benutzt sie, um Männern das Bild vom rehhaften Ballerinchen zu mimen. Dass Aishas Telefonnummer überhaupt noch in meinem Timer steht, ist purer Zufall. Und dass du ausgerechnet auf die hüpfen musst, Mister Glasmann, ist schon fast wieder komisch."

Max und Harry sahen sich betreten an. Nach dieser Abreibung waren die Differenzen zwischen ihnen beiden auf einmal verschwunden. Ginas Wutausbruch war offenbar verraucht, auch wenn es in allen Ecken und Winkeln noch verdächtig schwelte. "Also, das war's erstmal", kokelte Gina, nicht als Frage, sondern als Feststellung, und ging zur Tür. Harry eilte ihr nach.

"Sehen wir uns später?"

Mit der Klinke in der Hand drehte Gina sich um. Harry wirkte nur noch halb so groß wie vorher, wie er da stand, den roten Abdruck von fünf Fingern noch auf seiner Backe, den treuherzigen Hundeblick im Gesicht, der deutlich die tief gekränkte Männerseele zeigte. Gina biss sich auf die Lippen. Dann lächelte sie. Schmalspur, aber es war ein Lächeln.

"Klar. Später. Aber die nächsten zwei Stunden will ich von euch zwei Witzbolden nichts sehen und hören. Ich telefoniere jetzt mit Lydia. Später sehen wir weiter, verstanden?" Mit einem ordentlichen Wumms fiel die Haustür ins Schloss.

Auf dem Heimweg fuhr Gina langsamer als gewöhnlich. Nicht nur wegen der vielen kleinen Staus. Sie wollte nachdenken. Und das ging am besten beim Autofahren.
Ihre Wut war verflogen. Und Harry hatte ja eigentlich auch nichts Schlimmes getan. Dass er sich so für Max einsetzte, war ja schon fast süß. Aber eben nur fast. Max war ein besonderer Fall.
Mindestens so verklemmt wie attraktiv, und mindestens so schüchtern wie charakterstark. Wenn man diesen Mann verkuppeln wollte, musste man es richtig machen. Wahllos fremde Frauen anrufen war nett gemeint, aber Unsinn. Es galt die Richtige zu finden. Eine wirkliche Traumfrau. Ein echtes Superweib sozusagen, keins aus den miesen Hausfrauenromanen der Neunziger. Gina mochte diesen Begriff sowieso nicht, und die dazugehörenden Autorinnen hatte sie eh gefressen.

Plötzlich hatte sie eine Idee. Und die arbeitete in ihrem Kopf, während sie sich im zweiten Gang durch den dichten Verkehr arbeitete. Vielleicht war das die Lösung?

Zuhause angekommen, nahm sie ihr Powerbook vom Tisch, lümmelte sich gemütlich auf das Sofa und begann einen ausführlichen Brief an Lydia zu tippen. Mit einem Telefonat war es diesmal nicht getan. Nach einer halben Stunde wählte sie sich ins Internet, rief ihr Email-Ausgangskörbchen auf und schickte den Brief ab. Unschlüssig surfte sie anschließend noch eine Weile, um sich zu entspannen. Als keine fünfzehn Minuten später das Email-Icon blinkte, machte Ginas Herz einen kleinen Hüpfer. Auf Lydia war eben Verlass.

Ginasüße, das ist ein Hammer. Und jetzt?

>Das wollte ich eigentlich von dir wissen. Entweder ist er ein Machoblödmann oder ein lieber Junge, der nur mal ungezogen war. Aber wie krieg ich das raus? Und was machen wir mit Max?

Wenn das eine förmliche Einladung zur Gruppentherapie Glasmann-Vitucci-Freitag sein soll, nehme ich sie an ☺

>Ja. Jaaa. Jaaaa!!

Verstanden. Wollte schon sooo lange mal wieder ins verregnete kalte Deutschland und meinen blonden Traummann treffen, LOL.

>Klasse. Danke! Wann?

Ich buch einen Flug für übermorgen, schick dir ein Mail mit Ankunftzeit! Holst du mich ab?

16.

Max hatte grässliches Lampenfieber.

Er bog in die Autobahnabfahrt zum Frankfurter Flughafen ein und fädelte sich in die Spur, die zum Terminal C führte. Dort sollte sich die Videoleinwand befinden – und gleich die Premiere seines jüngsten Werkes stattfinden, das er während der letzten 30 Stunden ohne die kleinste Pause fertiggestellt hatte.

Danach würde das Video täglich vierundzwanzigmal über die Bildschirme flimmern. Vor internationalem Publikum. Auch wenn es nur Fluggäste waren, denen seine neueste Produktion vorgeführt wurde. Seine Referenzliste war um einen wesentlichen Posten reicher. Und sein Konto um einen wesentlichen Scheck. Er stellte das Auto direkt vor dem Gebäude in der Kurzparkzone ab.

"Dreißig Minuten, das dürfte genügen", sagte er, als er das Eurostück in den Parkometerschlitz drückte. Die Uhr machte keine Anstalten, die gewünschte Parkzeit anzuzeigen. Max schlug einmal kräftig dagegen. Immer noch nichts.

"Verdammt!" rief er, und zwei vorbeischlendernde Touristen im Hawaiihemd mit umgehängter Fotoausrüstung und Kofferkuli drehten sich belustigt nach ihm um. Max fischte eine weitere Münze aus seiner Hosentasche. Er fummelte es in den Einwurfschlitz und wartete. Nichts.

"Drecksding!" bellte Max und öffnete die Fahrertür wieder. Er grabschte einen alten Strafzettel samt Bleistift aus dem Handschuhfach und kritzelte DEFEKT auf die Rückseite.

Den Zettel deponierte er auf dem Armaturenbrett, stieg wieder aus und knallte die Tür zu. Hastig lief er zum Terminal. Bereits beim Durchqueren der Türschleuse konnte er die Videoleinwand sehen. Er kam zwei Minuten zu früh. Jetzt musste er sich hundertzwanzig Sekunden lang unauffällig unter das Publikum mischen.

"Von mir aus kann´s losgehen!" entfuhr es ihm laut. Das Touristenpaar im Hawaiihemd drehte sich wieder nach ihm um und schüttelte synchron den Kopf. Auf die Sekunde pünktlich begann die Vorführung. Max registrierte aufgeregt, wie immer mehr flanierende Gäste und Touristen stehenblieben und andächtig die Eröffnungssequenz verfolgten.

Es stimmte einfach alles. Der Sound war genial. Hollywood lässt grüßen, dachte Max zufrieden und bedauerte, dass Harry nicht dabei war.
Jeder, aber wirklich jeder der sich gerade im Terminal aufhielt, drehte den Kopf zur Leinwand. Als hätte jemand die Pause Taste gedrückt, bewegte sich für einen langen Augenblick niemand. Max genoss den Moment aus vollem Herzen. Dieses Gefühl war einzigartig. Niemand der Anwesenden ahnte, dass er der Urheber des Videos war. Ich hab´s geschafft, ich hab´s gemacht, und keiner weiß was davon, dachte er kribbelnd. Ja. Dafür hatte sich die Marathonarbeit gelohnt. Nun gut, der Scheck war auch nicht schlecht. Er hatte nicht das geringste Bedürfnis, sich zu outen. Dafür gefiel ihm die Beobachterperspektive zu sehr.

Das Finale wollte er von weiter hinten beobachten. Unauffällig ging er zwei Schritte rückwärts, dann noch einen, drehte sich um - und prallte direkt mit jemandem zusammen.

Überrascht stellte er fest, dass sich hinter ihm unbemerkt eine riesige Menschenmenge zu einem Halbkreis angeordnet hatte und gebannt auf die Leinwand starrte. Wow, dachte Max. Beim Versuch, sich durch die Menge zu schlängeln, ohne noch jemanden anzurempeln, rutschte er auf dem glatten Marmorboden aus und riss eine junge Frau mit sich.

"Um Himmels Willen!" rief er. Die Frau rappelte sich geschickt auf und sagte mit mediterranem Akzent:

"No, glaub´ ich nicht. Dafür sind die Götter des Bohnerwesens verantwortlich." Klein, dunkelhaarig, frech und bildhübsch, stellte Max in Sekundenschnelle fest. Uff. Sie blinzelte ihn belustigt an und wollte sich nach der Tasche bücken, die noch auf dem Boden lag. Max tat, ganz Kavalier, dasselbe. Woraufhin ihre Köpfe exakt auf halber Höhe zusammenrummsten.

"Danke", kommentierte sie, hielt sich mit der einen Hand die Stirn und fasste mit der anderen nochmals nach der Tasche.
"Was kommt als nächstes?" meinte sie mit gerunzelten Brauen. Wunderschöne Brauen, wie Max feststellte.

"Tschuldigung, ich bin untröstlich", versuchte es Max.

"Ich und mein Kopf auch", entgegnete sie unamüsiert.
"Darf ich das wieder gutmachen?" fragte Max.
"Lieber nicht, die unverletzten Stellen an meinem Körper werden langsam knapp", meinte die junge Frau. Jetzt sah sie ihn direkt an. Ihre Gesichtszüge glätteten sich.

"Na ja, sie sehen eigentlich gar nicht aus wie ein Tollpatsch", erklärte sie. "Sie können mir was zu trinken besorgen, ich bin furchtbar durstig."

"Selbstverständlich. Bleiben Sie eine Sekunde da, wo sie sind." Max rannte zum Getränkeautomaten und kam innerhalb siebzehn Sekunden mit einer Büchse Cola zurück.

"Danke." Sie öffnete die Dose mit dem Ringverschluss. Genau in Max´ Richtung. Ein Schwall britzelnder Flüssigkeit landete mitten in seinem Gesicht.
"Oh scusi", rief die Unbekannte, "das wollte ich nicht, sorry!", und nahm trotzdem einen kräftigen Schluck. "Verzeihen Sie vielmals. Ich glaube, jetzt sind wir quitt", grinste sie anschließend.

Max versuchte, sich das Gebräu mit einem Papiertaschentuch vom Gesicht zu wischen. Dabei blieb die Hälfte des Papiers auf Stirn, Nase und Wangen kleben. Sah urkomisch aus. Sie musste lachen, er auch.

"Bevor es noch ein Unglück gibt, sollten wir lieber unserer Wege gehen", sagte sie und verschwand in der Menschenmenge. Max versuchte, ihr nachzuschauen, konnte sie aber nicht mehr ausfindig machen. Süß, dachte er nur. Sehr süß.
Sein Video hatte er fast vergessen. Er war in einer ganz ungewohnten Stimmung. Tief in Gedanken ging er in Richtung Parkplatz zurück und pfriemelte dabei die Reste des Papiers von seinem Gesicht, ohne sich um die verdutzten Blicke der Passanten zu kümmern. Was war das denn eben, rätselte er. Eine filmreife Begegnung? Eine Traumfrau, die das Talent hatte, im Weg zu stehen? Eine atemberaubend schöne Person, die auch noch witzig und schlagfertig war?

Max wunderte sich, wie ruhig er die ganze Zeit geblieben war. Kein ´was denkt die nur von mir´, keine Schwitzhände, kein Rotwerden. Dabei hätte er diesmal allen Grund dazu gehabt. Aber er hatte völlig cool reagiert. Als wäre es normal, am Flughafen eine wunderschöne Frau zuerst umzurennen, dann mit ihr Stirn an Stirn zu knallen und sich schließlich mit Cola bespritzen zu lassen. Abgefahren, völlig abgefahren, dachte er und verließ das Gebäude.

Als er aus dem Flughafenterminal herauskam, sah er zwei Politessen um sein Auto herumlaufen. Er legte einen gehörigen Schritt zu. Die beiden Damen begutachteten seinen Roadster ausgiebig. Allerdings stand die Fahrertür sperrangelweit offen.

"Die Parkuhr ist kaputt", rief Max schon von weitem. Null Reaktion. "Wieso ist die Tür offen", ergänzte er, als er angekommen war. Keine der Uniformierten schenkte ihm Beachtung, sondern flüsterten sich gegenseitg permanent irgendwas zu.

"Kann ich was für sie tun?" fragte Max.
"Ist das ihrer?" kam es statt einer Antwort von der einen Politesse.

"Äh, ja", sagte Max leise. "Sie hatten nicht abgeschlossen!" sagte das eine Gesicht über der Uniform."Wir sind begeisterte Fans alter englischer Sportwagen!" erklärte die zweite Miss Uniform. "Sieht ja noch prima aus", sagte die erste und strahlte Max an.

"Danke, vielen Dank, das kommt vom Bodybuilding. Ich bin ja auch erst knapp über dreißig", meinte Max.

"Wir meinen den Wagen", stellte die andere richtig. Dann wurde sie dienstlich. "Hier ist heute jede zweite Parkuhr defekt. Kosmische Strahlungen vielleicht. Haben Sie was eingeworfen?" fragte Miss Uniform.

"Doch nicht am hellichten Tag! Nee, ich bin stocknüchtern", wehrte Max entgeistert ab. Die Politessen grinsten auf Halbmast.

"In die Parkuhr, Sie Scherzkeks!"

Wo denn sonst, dachte Max und entgegnete mit unbewegtem Gesicht. "Ach so. Ja klar, zweimal einen Euro. Wieso?" Die eine Politesse kramte in ihrer schwarzen Tasche.

"Bitteschön!" sagte sie und drückte Max ein Zweieurostück in die Hand. Max nickte dankend. "Merci vielmals, aber das wär nicht nötig gewesen…"

"Dann noch einen schönen Freitag!" beendete die andere die Konversation, und beide gingen weiter, nicht ohne einen letzten Blick auf den Wagen zu werfen.

Ein schöner Freitag, hahahaha, ganz genau, lachte Max innerlich, als er in die Seitenscheibe seines Wagen schaute und sein Spiegelbild sah. Er zwang sich, nicht auch äußerlich loszuprusten. Die beiden Uniformmädels waren noch nicht außer Hörweite.

Heute fand er alles irgendwie witzig. Er konnte sogar über die unvermeidlichen Wortspiele mit seinem Nachnamen lachen. Ist das der Stress, fragte er sich. Fange ich langsam an zu spinnen? Unkontrollierte Albernheiten in der Öffentlichkeit?

Er fuhr lieber nach Hause. Dabei fiel ihm sein Video wieder ein. Kam gut, dachte er, die Leute waren ja wie hypnotisiert. Der Erfolg legte sich wie Balsam auf sein Selbstbewusstsein, das heute ohnehin schon in Höchstform war.

Zuhause angekommen, blieb er unschlüssig im Flur stehen. Die Unordnung des Einbruchs war beseitigt, die Wohnung geradezu unanständig aufgeräumt. Nur der Damenbesuch fehlt, dachte Max. Was soll´s.

Er wählte Harrys Nummer, um ihm von der gelungenen Videopremiere zu berichten. Die stürmische Begegnung mit der schönen Unbekannten wollte er lieber unterschlagen. Harry musste nicht alles wissen. Außerdem fühlte er sich so gut, dass er nicht eine Sekunde das Bedürfnis hatte, alle Details dieser Begegnung zu zeranalysieren.

"Na, rate mal was!" äußerte er gutgelaunt, als Harry sich meldete.

"Hmm?" brummte es nicht sonderlich interessiert.

"Die Premiere war klasse. Die Leute haben Löcher in den Boden gestanzt, so lange blieben die stehen! Der ganze Tag ist klasse, das Wetter ist klasse, was machen wir heute?"

"Mann, du bist ja drauf, hast du vielleicht die falschen Pillen geschluckt?"

"Ha, das fragt man mich heute öfter, hihi…" flachste Max. "Los, du Griesgram, lass uns was zusammen machen, ich komme vorbei, ja?"

"Von mir aus…" Harry klang mies. Mehr als mies, seit dem Streit mit Gina hing er scheinbar völlig durch. Oder war da noch etwas anderes? Egal, ich fahr hin, beschloss Max.

17.

Harry sah scheiße aus, registrierte Max, noch bevor die Tür ganz geöffnet war. Richtig scheiße sogar. Er war weder rasiert noch geduscht, trug sein verschlissenes T-Shirt, die kaputten Jeans und eine Tasse Kaffee in der Hand.

"Hi", machte er undeutlich und ließ Max an sich vorbei in die Wohnung.

"Ohne there?" konterte Max. "Sag mal, was ist denn los? Bist du krank?"

"Weiß nicht. Vielleicht." Harry fasste sich an die Stirn. "Ich hab einfach keine Lust zu nichts. Was gibt's Neues?" fragte er und goss Max auch einen Kaffee ein. Schwippschwapp, ein Fleck. Das war nun gar nicht Harrys Art. Max wunderte sich immer mehr. Sagte aber nichts dazu, sondern begann zu schwärmen.

"Erfolg, schöne Frauen und fünf Euro", antwortete er in einer gutgelaunt Melodie. Harry warf ihm einen skeptischen Blick zu.

"Aha. Und weiter?"
"Na, das Video haut echt rein", berichtete er und nahm einen Schluck von dem Kaffee. "Puhä", machte er gleich darauf, "ist der stark. Willst du, dass ich an Herzversagen sterbe? Und *den* trinkst du?" fragte er ungläubig. "Wo ist die Milch?" wollte er wissen und stand auf.

"Sauer", knurrte Harry.

"Ach, *die* also auch ja?" zaunpfahlwinkte Max, aber Harry stieg nicht drauf ein.

"Alle ist sie", nölte er einen halben Ton tiefer und deutete auf die leere Tüte auf dem Kühlschrank. Max stellte die Tasse ab.

"Aufregend, wie ökonomisch du heute mit deinen Worten umgehst. Ich bin schon riesig gespannt auf den nächsten Konsonanten…" Er setzte sich neben Harry und knuffte ihn.

"Was denn los?" fragte er, als er das hektische Blinken auf dem Anrufbeantworter sah. Achtundzwanzig Nachrichten, wow, Rekord. "Was von Gina gehört?" Harry schüttelte schwer den Kopf.

"Eben nicht. Seit vorgestern ist Funkstille. Und wenn ich anrufe, krieg ich nur die Maschine dran." Der Seufzer kam aus tiefstem Herzen. Max hatte vollstes Mitgefühl für seinen Freund.

"Komm, das renkt sich schon wieder ein. Sie hat doch als letztes gesagt, ihr seht euch später, das würde ich zunächst mal einfach wörtlich nehmen…"

"Aber doch nicht *so* viel später?!" zweifelte Harry.

"Lass uns was machen, das dich besser draufbringt. Wie ist es mit Essengehen? Lust? Hunger?" fragte Max. Harry zuckte die Schultern.

"Weiß nicht." Er sah Max mit einem bangen Blick an. "Was ist, wenn sie wegen dieser Geschichte Schluss machen will?" Max wischte diese Bedenken weg.

"Nicht so schwarzseherisch, Alter, das glaub ich im Leben nicht. Du müsstest doch am besten wissen, was Frauen in solchen Situationen machen…" Leidender Blick.

"Jaja, ich weiß, streu nur Salz auf die Wunde…" Max lächelte.

"Ich wette, sie meldet sich heute noch bei dir, und alles ist wieder in Ordnung." Er rümpfte gespielt die Nase. "Außerdem wäre es gar nicht so gut, wenn sie jetzt aufkreuzen würde. Du könntest dringend eine Grundreinigung vertragen, wenn du weißt, was ich meine…"

Harrys Mundwinkel bewegten sich einige Millimeter nach oben, stellte Max zufrieden fest und beschloss:

"Also, warum stellst du dich nicht unter die Dusche, während ich uns neuen Kaffee koche? Danach lade ich dich zum Essen ein, okay?"

Harry schlurfte widerspruchslos zum Bad, und Sekunden später hörte Max die Dusche rauschen. Sehr gut, dachte er. Harry hatte ihn retten wollen und war auf die Nase gefallen. Jetzt war es eben mal umgekehrt. Er würde nicht zulassen, dass Harry sich hier vergrub, während draußen das Leben tobte und der unschuldige Anrufbeantworter an Überfütterung litt. Gerade als die zweite und genießbarere Kanne Kaffee fertig war, klingelte es.

"Bleib wo du bist, ich geh schon", rief Max ins Bad und tänzelte zur Tür. "Ja, wer ist da?"

"Hi Max, ich bin´s, mach auf!" antwortete eine Frauenstimme aus der Sprechanlage knapp. Gina! Na super, das Timing könnte nicht besser sein, dachte Max und drückte den Summer.

Von weitem hörte er Absätze auf der Treppe und wunderte sich. Das Geräusch passte nicht zu dem Bild von einer Gina, die nach oben stiefelte. Vier Füße. Mindestens. In Stiefeln mit hohen Absätzen. War Gina nicht allein gekommen? Max ging zurück zur Tür und steckte den Kopf in den Flur.

"Hast du jemanden mitgebracht?" fragte er ins Leere, besser gesagt in Harrys schicken Treppenaufgang. Zwanzig Stufen und eine Echozone weiter unten antwortete Gina mit einem dezenten Kichern, dann betont autoritär:

"Nicht so neugierig, Freitag, wir sind gleich da." Dann flüsterte sie: "Das war Max." Nochmal weibliches Kichern, diesmal tiefer.

Endlich bog Gina mit ihrem geheimnisvollen Besucher um die Ecke. Max fiel die Kinnlade runter. Dasselbe galt für Ginas Begleitung. Eine wunderschöne Frau, die wie angewurzelt stehenblieb, die Hand hob, nach ihrer Stirn tastete und langsam sagte:

"Komisch, weiß jemand, warum mir auf einmal mein Kopf wehtut?"

Max grinste und parierte gekonnt:

"Wahrscheinlich, weil es auf einmal so merkwürdig nach Dosencola riecht. Meine Nase klebt immer noch", ergänzte er und reichte der bekannten Unbekannten die Hand. "Max

Freitag, sehr erfreut. Schön, Sie so schnell wiederzusehen", sagte er formvollendet.

"Lydia Vitucci, ebenfalls erfreut. Und auf dem Wege der Besserung, danke", hauchte Ginas Begleitung und ließ ihre Hand in seiner liegen. "Ist die Welt nicht winzig?" fragte sie dann, deutlich hin- und hergerissen zwischen vornehmer Zurückhaltung und hemmungsloser Begeisterung.

Gina klopfte ungeduldig mit dem Absatz auf den Dielenboden.

"Hab ich den Vorspann verpasst? Kann mich mal einer aufklären?" Max warf ihr einen hoheitsvollen Seitenblick zu.

"Später, Gina, später. Kommt erstmal rein, ihr beiden."

Max ließ Gina den Vortritt, dann drehte er sich ebenfalls. Lydia behielt ihre Hand, wo sie war und folgte Max ins Wohnzimmer. Gina lief ungeduldig wie ein junger Hund hin und her.

"Also, jetzt sagt mir nicht, ihr kennt euch. Das ist statistisch gesehen mehr als unmöglich. Oder wie? Oder doch?" Lydia glückste.

"Partiell kennen wir uns sogar sehr gut, würde ich sagen…"
"Natürlich nur rein körperlich", hängte Max vieldeutig dran, woraufhin Gina sich in den Sessel plumpsen ließ.

"Macht´s nicht so spannend, das hält ja kein normaler Mensch aus. Was ist los?" bohrte sie. Max winkte ab.

"Können wir diesen Teil der Geschichte verschieben?" fragte er.

"Erst sollten wir jemand anders verarzten. Gina, Harry leidet ganz schrecklich, weil du ihn seit zwei Tagen mit Nichtbeachtung strafst. Die Sache tut ihm wahnsinnig leid, und das weißt du auch. Willst du ihn nicht endlich erlösen?"

Gina nickte. "Deswegen bin ich ja hier. Unter anderem. Naja, hauptsächlich. Wo steckt er denn?"

"Unter der Dusche", sagte Max und blinzelte. Gina stand wieder auf und schlenderte betont langsam in Richtung Badezimmer.

"Dusche, sososo. Hmm, da könnte man ja mal vorsichtig anklopfen und fragen, ob ihm jemand den Rücken schrubben soll..." murmelte sie.

"Lasst euch ruhig Zeit", flachste Max, "uns wird bestimmt nicht langweilig!" Gina drehte sich um und schnitt eine freche Grimasse in seine Richtung, dann verschwand sie im Bad. Max hörte die Duschtür rumpeln, einen unterdrückten Aufschrei von Harry, dann Ginas unverwechselbares Kichern, dann nichts mehr.

Lydia sah Max aus dem Augenwinkel an. Als nichts kam, spähte er genauso zurück und ließ endlich ihre Hand los.

"Sehr mysteriös das Ganze, finden Sie nicht?" und zog die Stirn in Falten wie Columbo. Lydia grinste.

"Falls Sie die Beule meinen, mein Herr, die hat mir so ein Rohling am Flughafen verpasst. Den hätten Sie mal erleben sollen..." Max tat entrüstet.

"Nein, welcher Flegel macht denn sowas? Wenn ich den kriege, Gnädigste, dann räche ich Euch." Er patschte bekräftigend seine rechte Faust in die linke Handfläche und mimte den Schlägertypen. Lydia warf ihr langes Haar über die Schulter und lächelte ihn süß an.

"Nicht nötig, ich glaube, das lässt sich anders regeln…" Bevor Max antworten konnte, küsste sie ihn auf die erstaunt zusammengezogenen Lippen. Nach einer Sekunde sagte sie:

"So, das hätten wir. Ich heiße nicht Gnädigste, sondern Lydia. Und du bist also Max. Nett, dich kennenzulernen!" sagte sie und musterte ihn, als sähe sie ihn zum ersten Mal. "Cousine Gina hat nicht übertrieben."

Max hakte sofort ein.

"Vielen Dank, sehr schmeichelhaft." Er legte seine Arme um die zierliche Lydia und meinte: "Aber du weißt ja, man soll nicht zu viel auf Empfehlungen von Cousinen geben…"

Sie stellte sich auf die Zehenspitzen und schnitt ihm den Rest des Satzes mit einem weiteren Kuss ab. Dann flüsterte sie:

"Keine Angst, ich bin gerade dabei, mich höchstpersönlich vom, wie sagt man bei euch, vom ordnungsgemäßen Zustand der Ware zu überzeugen…"

Diesmal küsste er sie. *Endlich*, signalisierte sie deutlich.

In den folgenden sieben Sekunden wurde Max großzügig für den Ärger der letzten Woche entschädigt. Eigentlich für alle Pleiten der vergangenen Jahre. Ihre Haare riechen toll, dachte er noch. Dann vergaß er, was er außerdem gerade denken wollte und genoss nur noch den Augenblick.

Aus dem Badezimmer drangen verdächtige Geräusche. Max verdrehte die Augen und lächelte.

"Ich glaube, die beiden können wir getrost alleine lassen."

ENDE